Die Zauberkicker

Foulspiel!

Erzählt von Fabian Lenk

Mit Illustrationen von

COMICON S.L./Beroy + San Julian

KOSMOS

Umschlagillustration von Betty van Bonn,
Innenillustrationen von COMICON S.L./Beroy + San Julian
Grundlayout von Sabine Reddig
Titelschildgestaltung von Guter Punkt GmbH & Co. KG

»Foulspiel!« ist der 4. Band der Reihe »Die Zauberkicker«.
»kicker Kids®« ist eine eingetragene Marke der Olympia-Verlag GmbH.

Unser gesamtes lieferbares Programm und viele
weitere Informationen zu unseren Büchern, Spielen,
Experimentierkästen, Aktivitäten, Autorinnen und
Autoren findest du unter **kosmos.de**

MIX
Papier | Fördert gute Waldnutzung
FSC® C014138
FSC www.fsc.org

Gedruckt auf Cradle to Cradle Certified™ Munken Papier

ISBN: 978-3-440-17785-3
Redaktion: Lea Hille, Nina Seitz
Satz: DOPPELPUNKT, Stuttgart
Produktion: Verena Schmynec
Druck und Bindung: Finidr, s.r.o., Český Těšín
Printed in Czech Republic / Imprimé en République tchèque

Inhalt

Was bisher geschah …

Der elfjährige Ben träumt von einer Karriere als Fußballstar. Doch er spielt nur bei einem kleinen Verein namens 1. SC Windegg und hat dort mit Benno, dem großmäuligen Sohn des Trainers, auch noch mächtig Konkurrenz auf seiner Lieblingsposition, der 10.

Doch da bekommt Ben die Einladung zu einer Probewoche in der legendären Fußballakademie Tannwald. Übersteht Ben die Zeit und wird in dem Internat aufgenommen, steht ihm die große Fußballwelt womöglich offen! Das ist *die* Chance!

Ben nimmt die Herausforderung an. Aber er weiß, dass am Ende der Probezeit einige der Nachwuchskicker das Internat verlassen müssen. Wird er es packen? Schließlich ist der Konkurrenzdruck groß. Spieler wie der aggressive Victor machen Ben das Leben schwer. Und dann kommt auch noch ausgerechnet sein alter Widersacher Benno ebenfalls ins Internat und nimmt an der Probewoche teil …

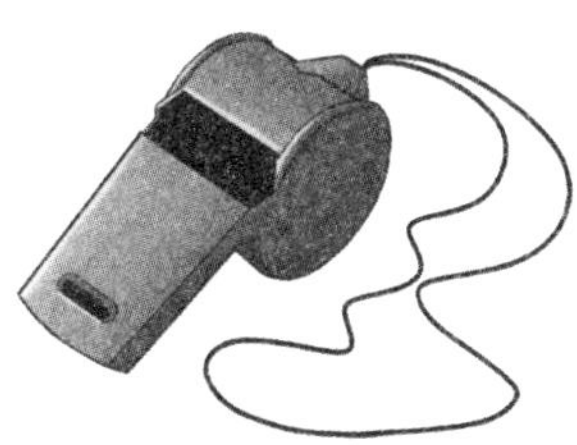

Aber Ben lernt auch zwei neue Freunde kennen: den oft in sich gekehrten Robin und die flippige Mika.

Tannwald ist ein schlossartiges Anwesen mit neuartiger Ausstattung, aber auch einem mysteriösen Eigenleben und alten Geheimnissen. Dazu zählt vor allem Pelé, der ebenso putzige wie verfressene Waschbär. Pelé ist ein Maskottchen, das jungen Kickern hilft – aber nur dann, wenn sie an Magie glauben. Für alle anderen ist er unsichtbar. Pelé wird Bens Freund, bleibt aber auch Mika und Robin verborgen.

Pelé hält sich meistens im Keller des Schlosses auf, umgeben von Andenken aus alten Zeiten. Der süße Waschbär baut Ben auf, wenn es ihm schlecht geht.

So hat Pelé einen gewissen Anteil daran, dass Ben die Probezeit gut übersteht und am Internat aufgenommen wird! Das gilt unter anderem auch für Mika und Robin. Sie sind happy!

Während Benno es ebenfalls schafft, ist für den aggressiven Victor und einige andere Endstation. Victor will das nicht wahrhaben und macht bei der Abschlussfeier zu Unrecht Ben, Mika und Robin für sein Scheitern verantwortlich. Ben hört, wie Victor auf der Feier schwört, sich an ihm, Mika und Robin zu rächen …

1

Schritte in der Nacht

In der Aula wurde immer noch ausgelassen gefeiert. Irgendjemand hatte die Musikanlage voll aufgedreht. Aus den Boxen dröhnten die letzten Takte von »*'54, '74, '90, 2006*« und Ben traute seinen Augen nicht: Trainer Taylor rockte Luftgitarre spielend über das Parkett und Schulleiter Wolpertinger tanzte mit Frau Abelone Rock 'n' Roll.

Sogar Jungblut, der ehrgeizige Finanzdirektor des Internats, schien gute Laune zu haben. Er saß etwas abseits, lächelte und daddelte auf seinem Handy. Ben wusste, dass Jungblut Wolpertinger für altmodisch hielt und die etwas in die Jahre gekommene Fußballakademie unbedingt modernisieren wollte. Keine schlechte Idee, wenn Jungblut dafür nicht den Keller mit den Sportandenken – in seinen Augen wertloser Plunder – hätte umbauen wollen. Damit wäre der knuffige Waschbär Pelé

vertrieben worden – das magische Maskottchen der Sportschule. Wie gut, dass es Ben und seinen Freunden Mika und Robin mit Pelés heimlicher Hilfe gelungen war, den Finanzdirektor zu stoppen. Zumindest vorerst.

Ben stopfte sich eine Handvoll Süßigkeiten in den Mund und beobachtete, wie Mika Robin auf die gut gefüllte Tanzfläche zog, als der nächste Song erklang: »*We are the champions*« von der Band Queen.

»Darf ich bitten?«, fragte sie lachend.

Robin humpelte reichlich unbeholfen um Mika herum, die über das ganze Gesicht strahlte und ihn freundschaftlich mit der Hüfte anstupste. Nach einem fiesen Foul von Victor hatte Robin die letzten Tage der Probezeit beim Training und den Spielen nur zuschauen können, war aber dennoch übernommen worden. Seine Leistungen vor Victors hinterhältiger Attacke waren einfach zu gut gewesen und schon bald würde Robin wieder fit sein.

Apropos Victor … Bens Blick wanderte durch die Aula. Er konnte Victor nirgends sehen. Vermutlich hatte der sich schon in sein Zimmer verzogen, weil er es nicht ertragen konnte, wie die anderen feierten, dass sie an der Akademie angenommen worden waren, während ihm genau das verwehrt blieb. Irgendwie konnte Ben das nachvollziehen. Aber Victor hatte sich diese Entscheidung selbst zuzuschreiben. Trainer Taylor hatte bei ihm völlig zu Recht mangelnden Teamgeist festgestellt und damit sein Aus begründet. Victor war in der Akademie Tannwald nach dem Motto aufgetreten: mein Spiel, mein Ball, mein Tor. Ihr anderen seid nichts. Ich bin alles!

Tja, aber nun musste Victor morgen abreisen. Allerdings war er nicht der Einzige, nur bei den anderen spürte Ben Mitleid – vor allem bei Jaro, der immer fair gewesen war und der auch gern im Mittelfeld auf der 10 spielte. Aber er hatte den Trainer und die anderen Verantwortlichen mit seinen Leistungen nicht überzeugen können.

Auch Jaro hatte sich bereits verkrümelt.

»Hey, was ist los mit dir, Spaßbremse – komm her!«, brüllte Yoshi Ben zu. Yoshi vollführte auf der Tanzfläche irgendwelche eckigen, höchst linkischen Bewegungen, die aussahen, als habe er gerade in eine Steckdose gegriffen, und grölte: »*We are the champions, my friends!*«

Taylor umrundete ihn und die anderen mit seiner Luftgitarre.

Ben verdrängte die Gedanken an Jaro. Er konnte ihm nicht helfen. Die Entscheidung war gefallen – und sie war von anderen getroffen worden.

Ben schob sich zu seinen Freunden auf die Tanzfläche und versuchte, den Takt zu finden. Schwierig, schwierig, Tanzen war einfach nicht sein Ding.

»Was soll das sein?«, fragte Yoshi. »Froschhüpfen?« Er lachte und Mika und Robin stimmten mit ein. Aber es war kein gehässiges Lachen und so versuchte Ben ein paar neue Schritte.

»Schon besser!«, schrie Mika über den Lärm aus den Boxen hinweg.

»Ich hab's halt drauf!«, rief Ben übermütig.

Robin rollte mit den Augen. »Jetzt dreht er durch!«

Ben ließ sich von der Musik treiben, und als er mehr oder weniger geschickt um seine eigene Achse wirbelte, sah er ihn.

Victor. Er war doch noch da ...

Er saß in einer dunklen Ecke neben dem Büfett und starrte zu Ben herüber. Victors Gesicht war vor Wut und Enttäuschung wie zu einer Maske erstarrt. Für einen Moment trafen sich ihre Blicke, und Ben schien es, als durchbohrten ihn Victors Augen. Rasch schaute er weg und drehte Victor den Rücken zu. Trotzdem spürte er Victors Blicke immer noch. Es war, als würden sie ihn verfolgen. Als gäbe es kein Entkommen vor diesen hasserfüllten Augen und den Blitzen, die aus ihnen schossen.

Der nächste Song ertönte. »*Three Lions – Football's coming home*« – und alle sangen mit. Sogar Jungblut hatte es geschafft, sich von seinem Handy zu lösen.

Als Ben vier Lieder später doch nicht anders konnte, als noch einmal in Victors Ecke zu blinzeln, stellte er fest, dass der verschwunden war. Wie ein böser Spuk. Ben atmete auf.

Ausgepumpt setzte er sich mit Mika, Robin, Yoshi und ein paar anderen an einen Tisch. Auch Benno kam hinzu, im Schlepptau seine selbstbewusste Zwillingsschwester Ida.

Sie quatschten über die vergangene Probezeit. Alle waren froh, dass es jetzt vorüber und für sie so gut ausgegangen war.

Um 22 Uhr schaltete Wolpertinger die Musik aus, hielt noch eine kurze, fröhliche Rede und scheuchte sie dann auf ihre Zimmer im Spielerquartier. »Ihr könnt aber gern noch ein wenig zusammensitzen, wenn ihr wollt. Um 23 Uhr ist dann aber endgültig Zapfenstreich!«, verkündete er.

Mika kam mit in Bens und Robins Zimmer, in dem das übliche Chaos herrschte.

»Wie kann man nur so unordentlich sein?«, fragte Mika.

»Ordnung ist etwas für Deppen. Ein Genie überblickt das Chaos«, gab Ben zurück.

Mika stützte die Arme in die Seiten. »Hast du mich gerade Depp genannt?«

»Natürlich nicht!« Ben lächelte. »Das war, äh, ganz allgemein gemeint.«

»Na schön, das werde ich jetzt mal so stehen lassen«, grummelte Mika. Sie grinste, und Ben wusste, dass sie nicht wirklich sauer war.

Mika kippte einen Stuhl nach vorn, sodass mehrere Jeans, Hemden und T-Shirts zu Boden rutschten, und setzte sich verkehrt herum darauf.

Robin kickte die Sporttasche von seinem Bett und ließ sich darauf fallen. Ben warf sich ebenfalls auf sein Bett.

»Geschafft«, murmelte er, mehr zu sich selbst. »Wir haben es geschafft!«

»Ja«, sagte Robin. »Ab jetzt leben wir hier im

Internat und das für die nächsten paar Jahre.«

Ben nickte nachdenklich. »Weit weg von unseren alten Freunden – und der Familie.«

»Da habe ich es gut«, sagte Mika. »Meine Familie wohnt nicht weit weg. Zumindest an den Wochenenden kann ich nach Hause.«

»Das wird bei mir schwierig«, sagte Ben. Diese Gewissheit versetzte ihm einen Stich.

Wenn die Sommerferien vorbei waren, würde er hierherziehen. Tannwald würde sein neues Zuhause werden. Neben dem Training würde er hier in der Akademie eine normale Schule besuchen. Neue Schule, neue Lehrer, neue Mitschüler ... schon seltsam. Ben war froh, dass seine Eltern sich um den Schulwechsel und alles, was damit zusammenhing, kümmern würden. Sicher würde auch die Akademie helfen. Er selbst wäre damit komplett überfordert.

Aber wenn dann alles geregelt war, wäre er doch irgendwie ... allein. Nein, allein war der falsche Ausdruck. Abgeschnitten, das traf es eher. *Abgenabelt* vielleicht noch besser. Abgenabelt von seiner Familie. Warum musste alles immer zwei Seiten haben?, fragte sich Ben.

Vor allem seine kleine Schwester Elli würde ihm fehlen. Vermutlich waren ihre Sprachnachrichten das Einzige, was er von ihr in Zukunft hören würde.

Quatsch, sagte sich Ben, er würde einfach öfter mit ihr telefonieren, und mit seinen Eltern ebenso. Zudem würde er sie besuchen oder sie ihn.

Außerdem hatte er tolle neue Freunde gefunden. Mika, Robin und natürlich den wunderbaren Waschbären Pelé. Aber auch Ida, Yoshi und einige andere waren in Ordnung.

»Ich bin eigentlich ganz froh, dass ich nicht mehr zu Hause wohnen muss«, unterbrach Robin Bens Gedanken. »Meine Eltern haben sich bis zu ihrer Trennung oft gezofft. Und dann ist meine Mutter ausgezogen ... Es war ...«, er stockte und suchte nach Worten, »es war sowieso kein richtiges Zuhause mehr. Höchstens ein halbes, wenn überhaupt. Seit er wieder bei seinem alten Job ist, ist Papa bald wieder viel beruflich unterwegs.«

Ben hätte gern etwas Tröstendes gesagt, aber ihm fiel nichts Passendes ein. Mika rettete die Situation, indem sie Robin eine Handvoll Gummibärchen anbot, die sie offenbar vom Büffet mitgenommen und in ihrer Hosentasche verborgen hatte.

Robin lächelte sie an. »Danke.«

Mika wechselte das Thema, sodass Robin, aber auch Ben, ihre trüben Gedanken verdrängen konnten. Sie diskutierten die abgelaufene Bundesligasaison und die jeweiligen Chancen ihrer Lieblingsclubs für die neue Saison.

Ein unerschöpfliches Thema – und schon war es 23 Uhr und somit Zeit für Mika, in ihr Zimmer zu gehen.

»Bis morgen, Jungs«, meinte sie zum Abschied.

Während Robin wenig später zu schnarchen begann, lag Ben mal wieder hellwach in seinem Bett. Er war total müde und völlig aufgekratzt gleichzeitig. Wie sollte er so bloß einschlafen?

Er blickte auf sein Handy. Da war eine Sprachnachricht, die er noch nicht abgehört hatte. Er steckte seine Ohrstöpsel ein.

Die Nachricht war von Elli.

»Huhu, Donaldo. Hast du noch ein Tor geschossen? Papa hat ein Tor für meine Kaninis gebaut. Ich habe einen Ball aus Salatblättern gebastelt. Aber die Kaninis haben kein Tor geschossen. Weißt du, was die gemacht haben? Die haben den Ball gefressen.«

Ben schickte ihr ein paar lachende Smileys und schaltete das Handy aus.

Schlaf jetzt!, ermahnte er sich. Aber es war sinnlos.

Gegen Mitternacht beschloss Ben, dass er noch einen kleinen Spaziergang machen würde. Zu Pelé ...

Er rollte sich aus dem Bett, schlüpfte in Jogginghose und Pulli und verließ das Zimmer.

Auf Zehenspitzen schlich er durch den nur von einer Notbeleuchtung ganz schwach erhellten Gang und aktivierte die Taschenlampe in seinem

Handy. Vom Spielerquartier lief er in den alten Teil des Internats, ins Schloss mit seinen hohen Räumen, breiten Gängen und Treppen.

Unbemerkt erreichte Ben schließlich den Keller und entdeckte seinen kleinen pelzigen Freund, der es sich in einem mit alten Fußballzeitschriften gut gepolsterten Karton gemütlich gemacht hatte und nun über den Rand ins Licht der Taschenlampe linste.

»Ist ja heller als ein Flutlicht«, beschwerte er sich. »Hast du wenigstens was zu futtern dabei?«

»Logo«, meinte Ben, machte das funzelige Licht im Kellerraum an, löschte das Licht seiner Taschenlampe und setzte sich zu Pelé auf einen anderen Karton. Dann holte er eine Tüte Flips heraus. Mika hatte vom Büfett etwas Süßes mitgehen lassen, er etwas Salziges.

»Oh, meine Marke, sehr aufmerksam«, lobte Pelé. »Und ex und hopp.«

Mit großen Augen sah Ben zu, wie das Maskottchen die Flips in einem Rutsch in sich hineinrieseln ließ. Pelé aß nicht, er schlang.

»Njamm, njamm«, machte Pelé. »Für den Anfang nicht schlecht.« Er blickte Ben in die Augen. »Was machst du eigentlich um diese Uhr… Ah, ich spüre, du hast Heimweh, jetzt schon …«

Pelé war offenbar auch ein Hellseher. Na ja, der Waschbär war nun einmal höchst magisch, vermutlich reichte ihm ein Blick und er wusste, was in Ben vorging.

»Ja«, gab Ben zu. »Ist schon irgendwie komisch. Ich war bisher nie von meiner Familie getrennt, aber nach den Ferien wohne ich dann hier ganz ohne sie.«

Pelé kletterte aus dem Karton und hockte sich neben Ben. »Aber deswegen bist du nicht allein«, sagte er ru-

hig. »Du weißt doch, wie wichtig der Zusammenhalt beim Fußball ist. Vertrauen, Freundschaft, solche Dinge eben. Was ich damit sagen will: Eine gut funktionierende Mannschaft, die nicht nur auf dem Platz füreinander da ist, kann auch ein bisschen so sein wie eine Familie. Man passt aufeinander auf, man ist füreinander da.«

Dann streckte Pelé seine Pfote aus und nahm Bens Hand.

Und Ben drückte sie, während Tränen der Rührung in ihm aufstiegen.

So saßen sie vielleicht fünf Minuten lang schweigend zusammen.

»Du solltest jetzt wirklich schlafen gehen«, mahnte Pelé. »Und denk daran: Alles wird gut, solange du an deine Träume glaubst. Und an dich.«

Ben nickte, glitt von dem Karton und strich Pelé kurz über den Kopf. Der Waschbär zwinkerte ihm zum Abschied zu. »Bis bald ...«

»Ja.« Mehr brachte Ben nicht hervor.

Dann lief er zurück zu seinem Zimmer im Spielerquartier. Als er die breiten Gänge entlanghuschte, vernahm er ein Quietschen. Hatte da jemand eine Tür geöffnet? Oder schlich jemand in Turnschuhen herum – so wie er selbst?

Rasch löschte Ben das Licht seiner Handytaschenlampe und blieb wie angewurzelt stehen. Nun lag der lange Flur wieder im schwachen Schein der Notbeleuchtung.

Ben ging in die Knie und hoffte, dass man ihn durch die völlige Dunkelheit nicht sehen konnte. Vielleicht war es Taylor oder Wolpertinger auf einem Kontrollgang. Es wäre sicher nicht so toll, wenn man ihn erwischte.

Mit hämmerndem Herzen lauschte Ben.

Da, wieder dieses Geräusch!

Es war, wenn ihn nicht alles täuschte, von einem Korridor weiter links gekommen – aus dem Flur, in dem auch das Zimmer lag, das er sich mit Robin teilte. Ben glitt um eine Ecke und konnte nun in den Gang hineinschauen.

Und was er jetzt sah, ließ sein Blut gefrieren. Ein Schatten näherte sich ihrem Zimmer und öffnete vollkommen geräuschlos die Tür. Dann verschwand die Gestalt in den Raum ...

2

Übers Ziel hinaus

Wer ist das?, fragte sich Ben angespannt. Wolpertinger oder Taylor wohl kaum, die hätten sicher Licht gemacht.

Vielleicht Mika, die ihm und Robin noch etwas gaaanz Wichtiges mitteilen wollte? Das wäre die sympathischste Möglichkeit. Aber die Gestalt schien Ben etwas zu groß zu sein. Mika war zierlicher.

Womöglich war es Victor, fiel Ben mit eisigem Entsetzen ein. Victor hatte schließlich angekündigt, sich zu rächen, weil seiner Meinung nach Ben und seine Freunde dafür verantwortlich waren, dass er nicht übernommen wurde …

Ben war für einen Moment wie gelähmt – sollte er Licht machen und Alarm schlagen? Aber wenn es doch Mika war, dann könnte sie Ärger bekommen und er wäre schuld.

Also pirschte Ben sich etwas näher heran, um mehr von dem Unbekannten zu erkennen. Der Eindringling hatte, nachdem er in den Raum geschlüpft war, die Tür nicht ganz hinter sich verschlossen, sodass Ben durch den Spalt schauen konnte.

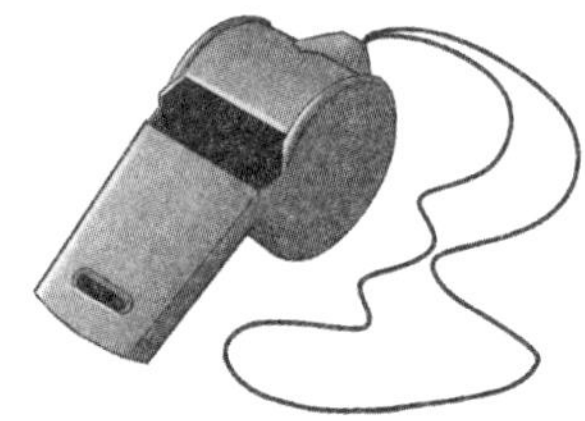

Etwas Mondlicht rieselte durch den bleichen Vorhang auf die Gestalt, die gerade zu dem Bett schlich, in dem der ahnungslose Robin schlief.

Nein, niemals handelte es sich bei der Gestalt um Mika. Der Typ war definitiv zu groß und hatte zu breite Schultern.

Bens Puls hämmerte rasend schnell. Er presste die Zähne aufeinander. Jetzt beugte sich der Eindringling über Robins Nachttisch, auf dem sich wie üblich alles Mögliche türmte.

Ben nahm seinen ganzen Mut zusammen und streckte den Arm durch den Türspalt. Seine zitternden Finger suchten und fanden den Lichtschalter und drückten ihn.

Licht flutete blendend hell in das Zimmer, und nun geschahen zwei Dinge gleichzeitig. Robin richtete sich blitzartig im Bett auf, die Augen zusammengekniffen, einen Schrei auf den Lippen, während die Gestalt herumwirbelte und zur Tür hetzte, hinter der Ben stand. Ben

sah, dass es sich tatsächlich um Victor handelte, der die Urkunde, die Robin bei der Abschlussfeier bekommen hatte, in der Hand hielt. Es war eine großartig gemachte Fotomontage, die Robin auf dem Cover einer bekannten Fußballfachzeitschrift zeigte. Diese Urkunde hatten alle erhalten, die die Probezeit erfolgreich absolviert hatten. Victor nicht.

Der drängte an Ben vorbei und versetzte ihm einen Schlag vor die Brust, sodass er nach hinten taumelte.

»Komm mir nicht in die Quere!«, drohte Victor. Es klang wie das Knurren eines äußerst gereizten Hundes.

Dann sprang Victor zur Treppe und eilte sie hinunter, zwei Stufen auf einmal nehmend.

Ben rappelte sich auf und machte nun auch im Flur Licht. Robin humpelte aus dem Zimmer, bleich und noch ganz benommen.

»Alles klar mit dir?«, fragte Ben besorgt. Sein Kumpel sah aus wie ein Gespenst.

»Nein, natürlich nicht! Meine Urkunde ist weg! Victor hat sie gestohlen!«, jammerte Robin. Dann begann er den ganzen Flur zusammenzuschreien. Ben mischte mit. Schon flogen überall Türen auf, und viele Kinder strömten aus ihren Zimmern – darunter Mika, Ida, Paula und Sophie aus dem darüberliegenden Stockwerk, aber auch Benno, Hannes, ihr Torwart Einar und Yoshi.

Victor hetzte mit seiner Beute an ihnen vorbei in Richtung Aula und niemand wagte es, sich ihm in den Weg zu stellen.

»Was ist denn hier los?«, rief Mika, deren roten Haare in alle Himmelsrichtungen standen.

»Victor hat meine Urkunde geklaut! Los, hinterher, schnappt ihn!«, trompetete Robin und begann, die Treppe hinunterzuhumpeln.

Ben war klar, dass Robin wegen seines verletzten rechten Knöchels keine Chance hatte, auch nur in Victors Nähe zu kommen. Also sprintete er los, überholte seinen Freund und stürmte hinter Victor her, der bereits den Schlaftrakt verlassen hatte. Mika, Ida und ein paar andere nahmen ebenfalls die Verfolgung auf.

Victor kam nicht weit. Noch vor der Aula wurde er von Wolpertinger höchstpersönlich gestellt. Der Akademieleiter trug einen Schlafanzug mit aufgedruckten Teddybären und Filzpantoffeln. Er breitete die Arme aus und versperrte Victor den Weg.

Der trudelte aus und lehnte sich schwer atmend gegen die Wand, während sich von hinten Ben und die anderen näherten, Robin mit einigem Abstand.

Wortlos streckte Wolpertinger die Hand aus und Victor gehorchte: Er gab dem Akademieleiter die Urkunde.

Ben und die anderen umringten die beiden. Ein Stimmengewirr erhob sich, Victor wurde von allen Seiten beschimpft. Plötzlich schoss eine Hand aus der Menschentraube hervor und gab Victor einen Stoß in den Rücken. Er begann zu wanken wie ein Baum im Sturm, machte aber keine Anstalten, sich zu wehren. Sein Blick war auf einen Punkt irgendwo weit hinter dem Akademieleiter gerichtet. Victor wirkte wie jemand, der sich im völlig falschen Film befand.

»Halt, so nicht!«, brüllte Wolpertinger. »Alle zurück auf ihre Zimmer. Nur Victor, Robin und Ben bleiben hier.«

Widerstrebend zogen sich die angesprochenen Schüler zurück.

»Und ihr drei, ihr kommt mit«, sagte Wolpertinger und führte Victor, Robin und Ben in sein Arbeitszimmer.

Die Regale waren bis in den letzten Winkel mit Büchern gefüllt und die Wände mit gerahmten Fotos und Zeitungsberichten förmlich tapeziert. Eine Yuccapalme, die etwas verdurstet wirkte, reckte ihre Blätter zum einzigen Fenster.

Der Akademieleiter nahm hinter seinem Schreibtisch Platz und deutete auf ein paar Stühle.

»Setzt euch«, sagte er und gab Robin die gestohlene Urkunde zurück. »Und dann will ich wissen, was in dich gefahren ist, Victor.«

Victor hockte sich auf die Kante des Stuhls und fixierte seine Fußspitzen.

»Na ja«, begann er und warf einen finsteren Blick auf Robin und Ben. »Die beiden haben das geschafft, wovon ich immer geträumt habe – und das, obwohl der eine kaum gespielt hat und der andere nicht besser ist als ich. Sie haben Urkunden, die sie nicht verdient haben. Deswegen wollte ich sie denen wegnehmen. Die sollten sich nicht darüber freuen können.«

Ben wollte ihm gerade eine gepfefferte Antwort geben, als Wolpertinger mit der Faust auf den Tisch schlug.

»Was bildest du dir ein, Victor? Du bist anmaßend! Robin ist ein hervorragender Techniker, der durch ein Foul gestoppt wurde. Von einem Foul, das du begangen hast, wie mir zu Ohren gekommen ist.«

Victor sackte auf dem Stuhl zusammen und schaute wieder auf seine Fußspitzen.

»Und Ben ist ebenfalls sehr talentiert. Er hat Übersicht und einen guten Schuss. Und er ist noch etwas: Er ist ein Teamplayer. Jemand, der sich in den Dienst der Mannschaft stellt, und niemand, der sich ständig in den Vordergrund spielen will so wie du!«

Victor wurde auf seinem Stuhl immer kleiner.

»Deswegen ist unsere Entscheidung für Robin und Ben gefallen und gegen dich«, fuhr der Akademieleiter fort. »Wir legen hier viel Wert auf Teamgeist, aber das hast du nicht begriffen.«

»Ich … ich habe das schon begriffen«, entgegnete Victor lahm. »Ich weiß, dass Teamgeist wichtig ist.«

Was sollte das denn jetzt?, überlegte Ben. Das nahm er Victor nicht ab.

»Ach so? Und warum hast du dich dann nicht anders verhalten?«, platzte es aus Wolpertinger heraus.

Victor zupfte an einer Haarsträhne. »Weil, weil ich oft vergesse, was ich mir eigentlich vorgenommen habe.

Ich brenne so sehr für den Fußball und will immer alles dafür tun, dass ich weiterkomme.«

Der Akademieleiter seufzte. »Alles tun? Ja, so kann man das wohl auch nennen. Aber dabei bist du nicht nur einmal übers Ziel hinausgeschossen.«

Victor nickte. »Ich weiß, dass ich Mist gebaut habe«, sagte er und ergänzte im Flüsterton: »Es tut mir leid.«

Wolpertinger legte mit einer theatralischen Geste eine Hand an sein rechtes Ohr. »Wie bitte?«

»Es tut mir leid«, wiederholte Victor, diesmal lauter. Dann schaute er zu Robin und Ben. »Das war nicht in Ordnung von mir, sorry.«

Sorry ... mehr nicht?, dachte Ben. Mit dieser hastig hingemurmelten Entschuldigung sollte die Sache aus der Welt sein? Das klang nicht nur reichlich billig, das war es auch.

Er schaute zu Robin, der seine Urkunde so fest umklammert hielt, als wolle er sie nie wieder loslassen. Seine Stirn war gerunzelt. Robin wirkte unschlüssig.

Da erhob sich Victor und baute sich vor Robin und Ben auf. Doch diesmal wirkte er nicht bedrohlich, sondern schon fast schüchtern.

Victor streckte ihnen die Hand entgegen.

»Ich möchte mich bei euch noch mal entschuldigen«, sagte er.

Ben zögerte …

3

Fehlschläge

Drei Wochen später saß Ben neben Mika in der letzten Reihe des Klassenzimmers. Es lag im ersten Stock des Schulgebäudes, wo sich auch die Räume der sechsten und siebten Klassen befanden. Die Klassen acht bis zehn waren im dritten Stock, elf bis zwölf im vierten.

Es war die sechste Stunde. Vorn am Whiteboard tippelte Marie Dubois auf und ab. Immer wieder stellte sie einem Schüler eine Frage, die der- oder diejenige kurz beantworten sollte, manchmal sogar nur mit einem *Oui* oder *Non*, um zu zeigen, dass man die Frage verstanden hatte. Wenn Marie Dubois einen Schüler herauspickte, motivierte sie ihn mit großen Gesten.

Während Mika, die dank ihrer Französisch sprechenden Mutter die Sprache perfekt beherrschte, mit Feuereifer dabei war, wählte Ben lieber die kleinste

Gangart. Er verwinzigte sich auf seinem Platz in der Hoffnung, nicht drangenommen zu werden. Französisch war eine wunderschöne Sprache, aber Ben fand sie auch irre schwer. Allein diese Rechtschreibung! Mal ein Akzent so rum, dann anders rum, dann mal als Dach. Und diese Namen ... *accent grave, accent aigu, accent circonflexe!* Wer hatte sich das nur ausgedacht? Setzen, sechs!

Ben fragte sich, ob französische Kinder ähnliche Probleme hatten oder ob die das quasi mit der Muttermilch aufsogen.

Marie Dubois stellte strahlend eine weitere Frage, und während Mika mit dem Arm wedelte, als wolle sie ein Flaggensignal geben, senkte Ben den Kopf noch ein wenig. Gnädigerweise nahm die Lehrerin Mika dran, die die Antwort natürlich wusste.

Weiter ging es mit Marie Dubois' freundlichem Redeschwall, und Ben schaltete unbewusst mehr und mehr ab. Sein Blick wanderte zum Fenster und hinaus über die Wälder, die die Akademie wie ein grüner Mantel einhüllten. Er sah auch die Fußballplätze und freute sich schon darauf, heute Nachmittag wieder kicken zu dürfen.

Der Unterricht an der Akademie war zweigleisig. Vormittags hatten die Schüler ganz normalen Schulunterricht mit Fächern wie Deutsch, Mathematik, Englisch, Biologie, Wirtschaft, Informatik, Französisch und Musik.

Als Minimum war die mittlere Reife das Ziel, aber auch das Abitur konnte hier gemacht werden, um den Schülern einen Einstieg ins Berufsleben abseits des Fußballplatzes zu ermöglichen. Denn wie schnell konnte der Traum von der großen Fußballerkarriere platzen, weil man sich verletzte, die Lust verlor, dem enormen Leistungs- und Konkurrenzdruck nicht gewachsen war oder eben doch nur gut, aber nicht sehr gut war.

Nach der Mittagspause stand Fußball auf dem Programm. Sie trainierten oft in Kleingruppen, um individuelle Schwächen ab- und Stärken auszubauen. Manche von ihnen mussten an ihrer Kondition feilen, andere am taktischen Verständnis und wieder andere an ihrer Schusstechnik. Einige sollten ihren »schwachen Fuß« aufpeppen, damit er ihnen nicht nur dazu diente, nicht umzufallen.

Neben dem Training würde es auch Spiele geben – gegen Mannschaften aus anderen Internaten, aber auch gegen Teams aus der Umgebung, die etwa auf ihrem Niveau spielten. Sogar eine regionale Schulmeisterschaft war vorgesehen.

Das war alles so viel, so verwirrend und auch immer noch fremd für Ben. Die drei Wochen, die er nach der Abschlussfeier der Probezeit zu Hause verbracht hatte, waren wie im Flug vergangen. Und jetzt war Ben hier – dauerhaft.

Manche von denen, die Ben vor der Feier noch täglich erlebt hatte, hatten nicht zurückkehren dürfen. Wie Jaro. Mit ihm hatte Ben noch ein paar Handynachrichten ausgetauscht, aber es waren immer weniger geworden.

Von Victor hatten weder er noch Robin noch einmal etwas gehört. Sie hatten damals in Wolpertingers Zimmer Victors Entschuldigung angenommen. Eine einfache Geste, ein Schlussstrich unter ihren vergifteten Kontakt. Victor war danach aus ihrem Leben verschwunden. Der war nicht mehr hier. Ben und Robin aber schon. Und das war gut.

Schweren Herzens hatte Ben gestern von seinen Eltern und Elli Abschied genommen. Sie waren mit dem

Auto die weite Strecke von zu Hause nach Tannwald gefahren. Vor dem Schloss hatte Ben alle drei fest in den Arm genommen.

Seine Mutter hatte noch eine kleine Überraschung für ihn gehabt: Sie hatte ihm ihren alten, aber immer noch einwandfrei funktionierenden Laptop in die Hände gedrückt.

»Wenn du einsam bist, kannst du mich und meine Kaninis über den Computer anrufen und uns auf dem großen Bildschirm angucken«, hatte Elli geplappert.

»Mach ich, ganz bestimmt«, hatte Ben geantwortet und mit den Tränen gekämpft.

Verdammt, reiß dich zusammen, ermahnte sich Ben und schaute wieder zum Whiteboard.

»*Bonjour* Ben«, sagte die Lehrerin und lächelte. »*Rêves-tu?*«

Was? Ben wurde heiß ... was hieß das nun wieder?

Mika rettete ihn. »Ob du träumst?«, wisperte sie.

»*Non*«, erwiderte er schnell.

Sie nickte und hob gerade zu einer weiteren Frage an, die Ben garantiert ebenfalls nicht hätte beantworten können, als die zweite Rettung nahte: diesmal in Form des Schulgongs! Die Stunde war beendet, Ben schoss förmlich von seinem Platz und dann aus dem Klassenzimmer.

Beim Mittagessen saß er mit Mika, Ida und Robin zusammen. Robin war wieder ganz der Alte, nachdem er seine Verletzung komplett auskuriert hatte. Er war nicht mehr so in sich gekehrt und strahlte Zuversicht aus. Gute Laune hatte er aber gerade nicht.

»O Mann, gefüllte Paprika«, mäkelte er angesichts des heutigen Essens.

»Liebe ich«, meinte Mika.

»Ich mag die Dinger auch nicht«, meckerte Ben. Er schnitt in das grüne Gemüse. Ein hellbrauner Saft lief heraus und vermischte sich mit dem Kartoffelbrei. Kein schöner Anblick, wie Ben fand.

Auch Ida stocherte eher lustlos in der Mahlzeit herum, als ihr Bruder Benno sich mit einem vollen Tablett ungefragt zu ihnen setzte – direkt neben Ben.

»Viel hast du ja noch nicht gegessen«, kommentierte er grinsend und rammte Ben spielerisch den Ellbogen in die Seite. »Dabei muss eine halbe Portion wie du ordentlich futtern.«

Ben schloss für einen Moment die Augen. Ging das jetzt schon wieder los, nachdem Benno sich in der Probezeit mit seinen fiesen Attacken zurückgehalten hatte, um nicht wie Victor von der Akademie zu fliegen?

Benno hatte schon immer versucht, Ben runterzumachen. Er hielt sich für den besseren Spieler. Seiner Meinung nach war nur er, Benno, dazu bestimmt auf der Spielmacherposition zu kicken. Die 10 trug aber derzeit Ben und nicht Benno. Das musste Benno wurmen, war Ben sich einhundertprozentig sicher.

»Halt die Klappe, Benno«, kam Ida Ben zu Hilfe. »Ich bin auch kein Freund von Paprika.«

Benno blickte seine Schwester mit hochgezogenen Brauen an. »Sei du lieber still. Denn ich rede nicht mit dir, sondern mit dem da.« Sein Daumen deutete auf Ben.

Jetzt mischte sich auch Mika ein. »Magst du dich nicht woanders hinsetzen, Bennolein?«

Benno*lein*? Ben begann zu grinsen.

»Was?«, schnaubte Benno. »Wie hast du mich genannt?«

»Hast du was an den Ohren?«, fragte Mika. »Bennolein klingt doch niedlich, oder?«

»Guck mal, Benno, da drüben ist ein ganz freier Tisch«, sagte nun Robin und deutete in eine weit entfernte Ecke der Mensa.

Ben wagte sich jetzt auch aus der Deckung. »Schwirr ab, Benno...lein.«

Wieder ein Ellbogencheck, diesmal etwas heftiger, aber Ben ließ sich nichts anmerken.

»Hier schmeckt es mir sowieso nicht.« Schnaufend stand Benno auf. »Zu viele Pfeifen am Tisch, da vergeht einem der Appetit.«

Er nahm sein Tablett und verkrümelte sich, während das Gelächter von Ben, Robin, Mika und Ida hinter ihm herwehte.

Endlich war es 15 Uhr, endlich rollte der Ball!

»*Come on,* gebt Gas!«, feuerte Taylor sie an, als sie jeweils mit einem Ball am Fuß um Hütchen kurvten. »Denkt dran, übermorgen haben wir unser erstes Turnier mit vier Mannschaften. Da ist auch Admira Altenkirchen dabei. Die sind *really good.* Ich will keine Katastrophe erleben!«

Am Spielfeldrand standen ein paar Zuschauer, darunter auch Wolpertinger, Jungblut und Frau Abelone, die immer mal wieder beim Training vorbeischauten. Wolpertinger und Jungblut, um zu sehen, wie der Nachwuchs sich anstellte, Abelone, weil sie Fußball über alles liebte.

Am Ende des Parcours mussten die Schüler aus vollem Lauf einen Chip-Ball über eine Mauer, die aus drei anderen Mitschülern bestand, in den Lauf eines weiteren Kickers spielen.

»Jetzt!«, rief Mika, die auf das Zuspiel von Ben wartete und bereits hinter der Mauer losgeflitzt war.

Doch Ben versemmelte die Aktion komplett, er setzte den Ball zu flach an, sodass die Spieler in der Mauer ihn locker wegköpfen konnte.

»O Mann, Ben, du hättest die Paprikaschote aufessen sollen. Hab ich dir doch gesagt!«, rief Benno lachend. Er war nach Ben gestartet und hatte seinen Pass perfekt in den Lauf von Hannes gespielt. Seit Victor nicht mehr an der Akademie war, hatte sich Hannes zu Bennos bestem Kumpel entwickelt. Hannes machte noch ein paar Schritte und nagelte die Kugel an Torwart Einar vorbei in den Kasten.

»*Well done,* Benno und Hannes!«, lobte Taylor.

Ben trottete zurück in die Schlange am Beginn des Parcours.

»Macht nichts«, tröstete Robin ihn. »Das nächste Mal klappt es.«

Tat es nicht. Ben hatte einfach einen schlechten Tag. Oder lag es an Benno und seinen Sticheleien, die gefühlt zunahmen, je näher das Turnier rückte? Wollte Benno ihn verunsichern und zermürben, um sich selbst das Trikot mit der 10 überzustreifen?

Benno war nämlich leider in Topform. Jeder seiner Versuche führte zum Erfolg.

»Supihupidupi«, tönte er. »Ich und Hannes zerlegen Admira und die anderen beiden Teams im Alleingang. Ich auf der 10, Hannes auf der 9.«

»Jepp, so wird das was«, pflichtete Hannes ihm wie üblich bei.

»Ihr Labertaschen«, sagte Mika.

Taylor blieb jedoch ernst. »*Boys,* der Trainer bin immer noch ich«, stutzte er Benno und Hannes zurecht.

»Natürlich, war doch nur ein Scherz«, erwiderte Benno schnell, aber nicht nur Ben war klar, dass das ganz und gar kein Scherz gewesen war.

Aber Taylor ließ es dabei bewenden.

Nach der Übungseinheit gab es eine kurze Trinkpause. Ben zog sich mit Mika und Robin in die Nähe der Zuschauerbänke am Spielfeldrand zurück. Robin hatte ebenfalls einen Supertag erwischt – und Mika auch, nachdem Ida ihr den Ball zugespielt hatte.

»Morgen ist auch noch ein Tag«, tröstete Robin Ben.

»Ach, ich weiß nicht«, sagte Ben kleinlaut. »Ich fühle mich immer irgendwie beobachtet. Nicht nur von Benno, sondern auch von Wolpertinger und den anderen.«

»Klar, ist schon eine Menge Druck«, meinte Mika. »Aber

das musst du ausblenden. Tu so als wären die gar nicht da. So mache ich das auch immer. Das funktioniert.«

Wie sollte er einen lauten Typen wie Benno einfach nicht wahrnehmen? Oder den suchenden, scharfsinnigen Blick eines klugen Mannes wie Wolpertinger?

Der Akademieleiter schlenderte gerade auf sie zu, Jungblut und Abelone im Schlepptau.

»Hey, das war ja richtig gut von euch«, sagte Wolpertinger und schaute Mika und Robin an, Ben jedoch nicht.

Robin und Mika strahlten um die Wette.

Und Ben? Der stand einfach nur blöd in der Landschaft herum.

Da spürte er Wolpertingers Hand auf seiner Schulter.

»Es kann nicht immer alles perfekt laufen«, sagte er leise, und Ben blickte zu ihm auf.

Der Akademieleiter lächelte und wollte gerade etwas ergänzen, als Jungblut meinte: »Mag sein, aber man kann schon einiges tun, um es möglichst perfekt zu machen. Nehmen wir doch mal die technische Ausstattung unserer Akademie, mein lieber Herr Wolpertinger. Ich fände es nach wie vor klasse und vor allem zukunftsweisend, wenn wir technisch aufrüsten. Im Keller haben wir so viel Platz zum Beispiel für ein E-Sport-Center mit Caféteria!«

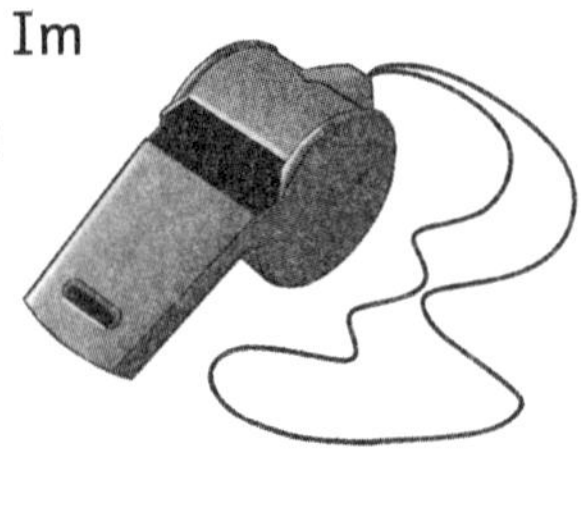

Nein, haben wir nicht!, dachte Ben voller Schrecken. Warum konnte Jungblut nicht endlich aufhören, Pläne für den Keller zu machen? Wenn das Pelé hörte, würde er wieder über diesen Jungblöd schimpfen, der sein magisches Zuhause gefährdete.

»Raus mit dem alten Plunder und dem ganzen Schrott und rein mit ...«, redete Jungblut weiter, doch Wolpertinger unterbrach ihn. »Ich schätze Ihre Ideen und Ihr Engagement, Herr Jungblut. Vielleicht später. Irgendwann einmal ...«

Jungbluts Mund klappte zu.

Wolpertinger wandte sich wieder an Ben. »Kopf hoch, wir glauben an dich. Du hast heute einfach nur Pech gehabt.«

»Genau!«, pflichtete Frau Abelone ihm bei. »Du glaubst gar nicht, wie oft ich schon Pech hatte. Vor Kurzem hat mir ein windiger Finanzberater eine Geldanlage aufgeschwatzt und meine gesamten Ersparnisse sind nun futsch ...«

»Oh, das tut mir leid«, sagten Ben, Mika und Robin wie aus einem Mund.

»Das nächste Mal wenden Sie sich lieber an mich«, bot Jungblut gönnerhaft an. »Mit finanziellen Dingen kenne ich mich bestens aus.«

Abelone lächelte gequält. »Es ist nichts mehr da, was ich investieren könnte. Doch für mich zählt etwas anderes viel mehr: Ich habe einen wunderbaren Beruf an einem wunderbaren Ort mit überwiegend wunderbaren Menschen.«

Sie beugte sich zu Ben hinab und flüsterte in sein Ohr: »Und wunderbaren Wesen ...«

4

Gefahr im Keller

Die Nacht war eine ziemliche Katastrophe. Ben lag in seinem Bett und hatte das Gefühl, dass sich etwas zusammenbraute.

Von allen Seiten zogen dunkle Wolken auf. Zum einen war da Jungblut, der offenbar nicht locker ließ bei seinen Plänen und immer noch den Keller ausmisten wollte, wie er sich auszudrücken pflegte.

Wut keimte in Ben auf, wenn er an diesen Jungblöd dachte. Er selbst liebte es, im Keller herumzuwandern und zwischen all den Andenken und dem Krimskrams zu stöbern. Aber für Leute wie Jungblöd war das alles wertlos, er war blind und gefühllos gegenüber dem wahren Wert dieser Sachen.

Für Ben war der Besuch des Kellers wie eine Reise in die Vergangenheit. Die Räume verströmten diesen typischen leicht muffigen

Geruch nach altem Papier und noch älteren Kartons und überall gab es etwas zu entdecken. Und meistens traf er dort seinen Freund, den Waschbären Pelé.

Pelés geheimnisvolles Reich war bedroht, solange dieser Jungblöd aus der zugegebenermaßen teils altmodischen Akademie eine Hightechschmiede für angehende Fußballstars machen wollte. Dabei hatte die Akademie doch bereits einiges an Ausstattung zu bieten – etwa das hochmoderne LABOR, wie es in Tannwald genannt wurde: einen riesigen Trainingsraum mit Kunstrasen und

zahllosen Ballmaschinen, in dem einem die Kugeln nur so um die Ohren flogen und Schusstechnik sowie Reaktionsvermögen geübt werden konnten.

Außer Jungblöd war da außerdem noch Benno, sein scheinbar ewiger böser Schatten, der scharf war auf das Trikot mit der Nummer 10, das Ben trug.

Benno hatte heute beim Mittagessen wieder sein altes wahres Gesicht gezeigt, und nicht nur Hannes, auch andere ließen sich offenbar von Bennos großspurigem Gehabe beeindrucken.

Ben war einmal mehr froh, dass er Mika und Robin hatte, die zu ihm halten würden, ganz gleich, was auch geschah. Und Pelé natürlich! Aber es kostete Kraft, immer gewappnet zu sein. Immer mit etwas rechnen zu müssen.

Drittens konnte und durfte Ben mit seinen derzeitigen Leistungen im Training nicht zufrieden sein. Seine Pannenperformance beim Chip-Ball war nicht der einzige Aussetzer gewesen – und morgen stand der Turnierbeginn an.

Ben glaubte (und hoffte), dass Trainer Taylor ihm nach wie vor vertraute und das Trikot mit der 10 gab. Aber Taylor würden Bens mäßige Leistungen nicht entgangen sein – ebenso wie Bennos brennender Ehrgeiz. Ben musste zugeben, dass Benno im Training überzeugend, wenn nicht sogar überragend gewesen war. Dessen Schatten wurde größer und größer und drohte Ben förmlich zu verschlucken.

Ben drehte sich auf die andere Seite, dann auf den Rücken – und irgendwann verblassten die quälenden Gedanken und Vorahnungen und er fiel in einen tiefen, traumlosen Schlaf.

»He, Schnarchhaken, hoch mit dir!« Die Decke wurde weggerissen, dann der Vorhang. Sonnenlicht flutete in den Raum und ließ die Staubpartikel tanzen.

Ben rieb sich die Augen. »Was, wie?« Robin feuerte ihm ein Kissen an den Kopf. »Mensch, Ben, beeil dich, wir kommen sonst zu spät zum Frühstück.«

Ben richtete sich auf, wälzte sich aus

der Koje und tappte in das winzige Badezimmer. »Ja, ja, schon gut.«

Irgendwie gelang es ihm, seine Haare zu bändigen und sich kaltes Wasser ins Gesicht zu klatschen. Dann schlüpfte er in seine Klamotten und lief hinter Robin und vielen anderen lärmenden Schülern her in den Speisesaal, in dem bereits über hundert Nachwuchskicker frühstückten.

Ben bediente sich an der Müslibar und peppte das Gemisch mit jeder Menge frischem Obst auf. Dann holte er sich einen großen Becher mit Kakao und suchte sich einen freien Platz. Müsli und Kakao weckten seine Lebensgeister endgültig und er war bereit für den vormittäglichen Schulunterricht.

In Mathe, Robins Lieblingsfach, machte auch Ben sich ziemlich gut, während Benno voll neben der Spur war und mit Nichtwissen glänzte, wie Ben mit einer gewissen Schadenfreude bemerkte.

Lehrer Möller fragte Benno: »Familie Schmidt will in den Urlaub fahren. Ihr Auto darf mit höchstens 610 Kilogramm beladen werden. Wie viel darf das Urlaubsgepäck wiegen, wenn Mama 58 und Papa 78 Kilogramm wiegt und Tochter Sandra 26, Sohn Frederick 32 sowie der Hund 19 Kilogramm auf die Waage bringen?«

»Was, der Hund wiegt so viel?«, fragte Benno, der offenbar Zeit gewinnen wollte.

»Darum geht es nicht«, belehrte Möller ihn ungeduldig. »Ich will von dir wissen, wie viel die Familie noch an Gepäck zuladen kann, ohne das zulässige Gesamtgewicht zu überschreiten.«

»Haha«, lachte Benno. »Gute Frage. Darf ich meinen Fifty-fifty-Joker setzen?«

Einige lachten, vor allem Hannes tat sich hervor.

»Das ist nicht witzig, Benno«, tadelte der Lehrer. »Du hast noch ...« Ein Blick auf die Uhr. »Dreißig Sekunden Zeit. Und die Zeit läuft ab jetzt.«

Benno haspelte, stammelte und stotterte. Zählte etwas an seinen Fingern ab – und lag mit seiner Antwort 297 völlig falsch.

»Oje«, ächzte Möller, »du musst noch eine Menge üben, Benno.«

»Klar, mache ich«, meinte der kleinlaut.

Der Lehrer wandte sich an die anderen Schüler. »Wer weiß die richtige Antwort? Wie viel darf die Familie an Gepäck noch einladen?«

»397 Kilogramm«, kam es wie aus der Pistole geschossen von Robin.

»Sehr gut!«, lobte Möller.

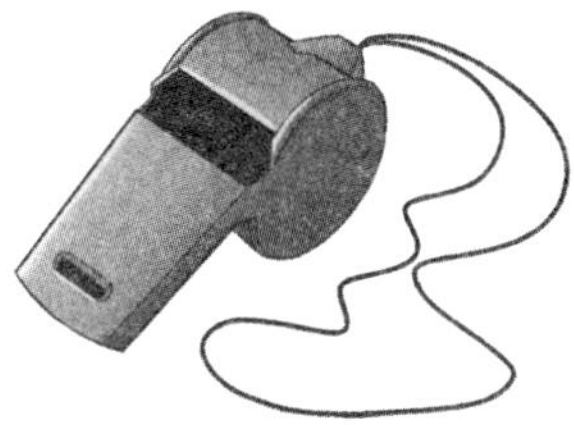

»Meine Güte, der hat Benno aber ganz schön auf dem Kieker!«, grummelte Mika. »Gut, dass wenigstens Robin die Lösung wusste. Unter dem Zeitdruck hätte ich das sicher auch nicht lösen können.«

Anschließend hatten sie Geschichte und Deutsch – Fächer, in denen Ben, aber auch Mika, besonders gut war.

Doch dann kam der Nachmittag und beim Training konnte Ben wieder nicht seine gewohnte Leistung abrufen. Was war nur mit ihm los?

Seine Pässe gerieten zu kurz oder zu lang, er startete im falschen Moment in den freien Raum und stand prompt im Abseits, seine Torschüsse landeten sonst wo, aber nicht im Kasten.

»Da liegt ja schon Schnee auf dem Ball«, lästerte Benno, als Ben die Kugel meterweit über die Latte in den blauen Himmel über der Akademie gebolzt hatte.

»Ja, hoffentlich ist er nicht tiefgefroren, wenn er wieder runterkommt«, pflichtete Hannes seinem Freund bei.

Ben schwieg mit zusammengekniffenen Lippen und trottete hinter das Tor, um den Ball zu suchen.

So ging es den ganzen Nachmittag: Pleiten, Pech und Pannen.

Mann, dachte Ben, hoffentlich läuft es morgen besser. Eigentlich, fügte er in Gedanken bitter hinzu, konnte es nur besser werden. Denn gruseliger als gerade ging es schließlich nicht mehr.

Noch vor dem Abendessen beschloss Ben, sich in den Keller zu schleichen. Er brauchte jetzt Pelé, der würde ihn bestimmt aufbauen. Ben schnappte sich eine Tüte Erdnussflips aus seinem Schrank und marschierte vom Spielerquartier ins Untergeschoss des Schlosses.

Plötzlich hallte eine wohlbekannte Stimme durch den langen Flur, die ihn erstarren ließ.

»Na, Schneeballkönig, wohin des Weges?«

Ben drehte sich um. Benno tauchte hinter einer Säule auf. Er hatte einen Fußball in seinen Händen.

»Geht dich nichts an«, sagte Ben und versuchte, ruhig zu klingen.

»Hm«, machte Benno nur. Er stellte sich vor Ben und warf den Ball sehr knapp über Ben hinweg an die Wand. Ben spürte den Luftzug und zog den Kopf ein.

»Und die Flips? Willst du dich bei jemandem einschleimen?«, fragte Benno.

»Quatsch, du Spinner!« Ben ärgerte sich, dass seine Stimme einen leicht schrillen Klang hatte.

»Vorsicht«, mahnte Benno.

Ben ließ ihn einfach stehen und stapfte weiter.

»Man sieht sich«, hörte er Benno noch drohend sagen.

Dann war Ben im menschenleeren Flur, der zum Keller führte, und atmete auf.

Er hastete die Stufen hinunter. Als er den unteren Korridor erreichte, hielt er kurz inne und lauschte. Ein Geräusch hatte ihn alarmiert.

Es klang, als wäre eine Tür zugefallen. War ihm jemand gefolgt? Etwa Benno?

Ben wagte kaum zu atmen. Nein, da war nichts, seine Nerven hatten ihm wohl nur einen Streich gespielt.

Er lief den Flur hinunter und drang in die alte Welt der verschachtelten Kellerräume ein. Es war so spannend, so interessant! Ben sah die handsignierten Schuhe eines Weltmeisters, für die Sammler ein Vermögen gezahlt hätten. Pokale mit Gravuren bedeutender Turniere. Trikots von Weltstars hinter Glas. Urkunden, vergilbte Fotos, Zeitungsausschnitte. Kisten und Kartons mit Krimskrams, der nur scheinbar Krimskrams war. Aber nirgendwo konnte er den Waschbären entdecken.

Ben betrat einen weiteren Raum, ohne die Tür hinter sich zu schließen, und lehnte sich an eine Vitrine. Er schloss die Augen und spielte mit dem Glücksbringer in seiner Trainingsjacke. Dabei dachte er an die verborgene magische Seite des Internats. Langsam glitt er hinein in die Welt der Träume und des Zaubers.

»Hehe«, machte es in seiner Nähe und Ben schlug die Augen auf.

»Hallo Pelé!«, rief Ben erleichtert.

»Hallo.« Der Waschbär wedelte mit der Pfote, während seine Augen auf die Tüte gerichtet waren.

Ben gab sie ihm und Pelé rupfte sie auf.

»War nicht dein Tag heute, was?«, sagte das Maskottchen mampfend.

»Du weißt davon?«

»Logo«, erwiderte der Waschbär. »Hast ja den einen Ball bis auf die Berggipfel geschossen, hehe.«

Nicht du auch noch, dachte Ben.

»Aber guck mal«, sagte Pelé. Zwischen seinen Zähnen knirschte und knackte es wie in einem Mahlwerk. »Man muss erst mal so viel Power im Fuß haben, einen Ball so weit und so hoch zu schießen.«

So hatte Ben das noch gar nicht gesehen.

»Was ich damit sagen will, mein Freund«, fuhr Pelé fort. »Es gibt meistens zwei Sichtweisen. Du musst nicht immer nur das Negative sehen. Du könntest also auch sagen: Mann, habe ich einen Hammerschuss. Das muss mir erst einmal einer nachmachen.«

»Aber der Ball flog weit über die Kiste«, meinte Ben.

»Ja, habe ich gesehen. Aber er hatte viel Schmackes. Also: Das nächste Mal benutzt du genauso viel Schmackes, zielst aber genauer – und schon passt das.«

»So einfach ist das nicht«, widersprach Ben.

»Natürlich nicht.« Die Tüte war leer. »Wenn's einfach wäre, wäre es ja auch langweilig. Easy kann jeder. Aber du, Ben, kannst die schweren Dinge. Nicht gleich, nicht sofort, nicht von heute auf morgen. Du musst an dir arbeiten und – ganz wichtig – an dich glauben, wie ich dir schon oft gesagt habe. Daran glauben, dass du es mit harter Arbeit schaffst. Du hast alle Voraussetzungen, aber du bist eben noch lange nicht am Ziel. Kapiert?«

Ben ließ die Worte wirken. Schließlich nickte er langsam. »Ja.«

Pelé klopfte ihm mit der salzigen Pfote auf die Schulter. »Siehst du – morgen wird das schon hinhauen! Und beim nächsten Mal kannst du mir ruhig eine größere Tüte Flips mitbringen.«

Dann war er wieder verschwunden.

Ben fühlte sich tausendmal besser – jedenfalls, bis er die Tür des Kellerraums aufzog und in den Flur wollte.

»Na, mit wem hast du denn da gerade geredet, Kleiner?«, fragte Benno mit einem wölfischen Grinsen.

5

Rapida

Benno stand breitbeinig in der Tür, sodass Ben nicht an ihm vorbeikam.

»Mit ... mit mir selbst. Aber was geht dich das an?«, antwortete Ben stockend. Mist, Benno hatte ihm nachspioniert! Hatte der durch den Türspalt geschaut? Hatte er Pelé gesehen? Nein, das war doch unmöglich, oder? Pelé war schließlich nicht für jeden sichtbar, schon gar nicht für jemanden wie Benno.

Was hatte Abelone zu ihm, Ben, gesagt: *Am besten schließt du die Augen. Und sobald dir der besondere Geruch dieses Raumes in die Nase steigt, weißt du, dass du angekommen bist in der geheimen zweiten Welt des Schlosses. Dann reicht ein Wort und Pelé ist bei dir ...*

Man musste an Magie glauben, an andere Welten. Zu so etwas war ein Holzkopf wie Benno nicht in der Lage. Doch durfte Ben sich da so sicher sein?

Bennos Grinsen verschwand. »Willst du mich auf den Arm nehmen? Ich habe zwar keine zweite Stimme gehört, aber du hast irgendjemanden gefragt: Du weißt davon? Also war da noch jemand, Ben. Und derjenige hat nur so leise gesprochen, dass ich ihn nicht hören konnte.«

»Quatsch!«

»Kein Quatsch.« Benno fragte noch mehrfach nach, aber Ben blieb dabei, dass er mit sich selbst geredet hatte.

Schließlich wechselte Benno das Thema: »Was machst du überhaupt hier unten?«

»Geht dich nichts an«, wiederholte Ben ausweichend.

»Boah, der Ben wird immer frecher«, höhnte Benno. Aber er hakte nicht weiter nach, sondern meinte: »Hier sind nur Dreck und alter Krempel. Herr Jungblut hat recht: Das sollte alles weg. Hab gehört, dass der hier ein E-Sport-Center einrichten will. Mann, das wäre cool!«

Ben winkte ab. »Lass mich vorbei«, forderte er Benno auf, »sonst …«

»Sonst was?«, unterbrach Benno ihn.

»Du erinnerst dich, was mit Victor passiert ist, oder?«, fragte Ben.

»Willst du zu Wolpertinger laufen und mich anschwärzen?«, schnaubte Benno. »Wegen was denn? Ich habe dir nichts getan.« Wieder dieses böse Grinsen.

Energisch schob sich Ben an seinem Widersacher vorbei und der hielt ihn glücklicherweise nicht auf.

Ben hetzte die Stufen hinauf und rannte zurück zum Mannschaftsquartier. Dabei überschlugen sich seine Gedanken.

Benno schien etwas zu ahnen. Was, wenn der begann, den Keller auf den Kopf zu stellen und doch irgendetwas entdeckte? Vielleicht spielte Benno auch irgendein dummer Zufall in die Hände ... Wie dem auch sei, Pelés Heimat und die schönen Andenken waren womöglich wieder in Gefahr.

Er stoppte kurz vor dem Mannschaftsquartier und drehte sich um. Keine Spur von Benno. Mist! Also war der vielleicht noch im Keller. War Benno kurz davor, Bens zauberhaftes Geheimnis zu lüften?

Bens Knie wurden weich. Er wusste nicht, was er tun sollte. Zurücklaufen und sich Benno in den Weg stellen? Allein? Nein, das wagte er nicht. Damit würde er Benno nur zeigen, dass er etwas zu verbergen hatte.

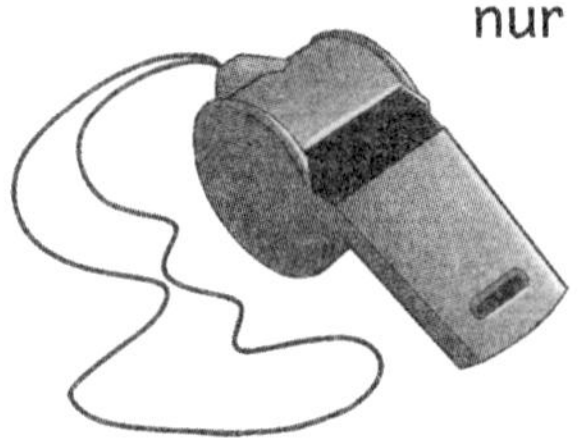

In diesem Moment traten Robin und Mika aus dem Quartier. Ohne groß zu überlegen, stürmte Ben auf seine Freunde zu und sagte leise, aber eindringlich: »Ich brauche eure Hilfe!«

»Wo brennt's denn?«, fragte Mika.

Ben überlegte einen Moment, suchte nach den richtigen Worten. Dann sprudelte es aus ihm heraus. Er berichtete, wie er dank Abelone hinter das Geheimnis des Kellers gekommen war, von seinen Besuchen beim zauberhaften Pelé und wie dieser ihm schon ein paarmal geholfen hatte und dass er jetzt womöglich wegen Benno in Gefahr war.

In den Gesichtern von Robin und Mika spiegelten sich Zweifel und Verwirrung.

Die glauben mir nicht!, durchfuhr es Ben. Da hatte er eine Idee: »Er hat auch dir schon einmal geholfen,

Robin, beziehungsweise uns – bei der Zimmeraufräumaktion …«

Robin schlug sich mit der flachen Hand vor den Kopf. »Klar, die zauberhafte und blitzartige Putzaktion!«, sagte er und ergänzte, als er Mikas fragenden Blick sah: »Wir bekamen unerwartete Hilfe, als wir unser total verwüstetes Zimmer in wenigen Minuten aufräumen mussten und Taylor uns im Nacken saß. Plötzlich war alles picobello – und diese Hilfe kam wohl von Pelé.«

»Ganz genau.« Ben spürte, dass Robin ihm glaubte. »Pelé ist ein Maskottchen, ein Glücksbringer. Er ist total süß, schlau und … verfressen. Man muss nur an ihn glauben – und an Magie. Dann sieht man ihn. Und weißt du noch, Mika, wie die Bälle auf den Umzugswagen geflogen sind, als Jungblöd den Keller ausmisten wollte? Das war Pelé!«

Nun hatte Ben auch sie überzeugt.

»O ja, ich erinnere mich nur zu gut – und ich liebe Magie«, meinte Mika mit leuchtenden Augen. »Was für eine irre Geschichte! Diesen Pelé muss ich unbedingt kennenlernen.«

»Ich auch!«, rief Robin.

»Nicht so laut!«, flehte Ben. »Kommt mit in den Keller. Dort ist Pelé meistens. Außerdem müssen wir schauen, ob Benno sich dort noch herumtreibt.«

Sie liefen hinunter und stellten fest, dass Benno zum Glück schon verschwunden war.

»Und wie kannst du deinen Freund ... rufen?«, fragte Mika, nachdem Ben sie in den Raum mit der Vitrine geführt hatte. Mika schien vor Neugier fast zu platzen.

»Schließt die Augen«, forderte Ben die beiden anderen im Flüsterton auf und wiederholte Abelones Worte, was man tun müsse, um mit Pelé Kontakt aufzunehmen. Schon verblasste die Außenwelt.

Aber wie erging es Mika und Robin? Gelang es auch ihnen, in die magische Parallelwelt des Schlosses einzutauchen?

»Hallo, Ben, da bist du ja schon wieder – aber wen haben wir denn da?«, fragte Pelé.

Ben schaute rasch zu seinen Freunden. Die beiden starrten ungläubig auf den Waschbären, und nun waren die letzten Zweifel beseitigt, dass Mika und Robin ebenfalls in der Lage waren, ein zauberhaftes Wesen wie Pelé zu sehen.

Da weder Mika noch Robin auch nur ein Wort herausbrachten, übernahm Ben das Vorstellen.

Robin und Mika waren hellauf begeistert von Pelé und hatten unzählige Fragen.

»Langsam, Leute. Und mal so ganz nebenbei: Hat jemand was zu futtern mitgebracht?

Meine letzte Flipsladung kam vor höchstens einer halben Stunde. Bisschen lang her für einen Waschbären.«

Mika jagte los und kam mit drei Tüten Chips und Salzstangen zurück.

»Sehr gut, wir verstehen uns!«, lobte Pelé sie.

Die vier machten es sich im Schein einer schwachen Glühbirne auf den Kartons gemütlich, futterten das salzige Knabberzeug und erzählten und erzählten.

Das Abendessen ließen Ben, Mika und Robin sausen – wer dachte schon an Käsebrote und Salat, wenn man den Geschichten eines magischen Waschbären lauschen konnte?

Später berichtete Pelé: »Ja, dieser Benno hat sich hier unten gründlich umgesehen und ziemlich böse Sachen gesagt über unsere schönen Andenken. Will ich gar nicht wiederholen.«

Aha, von wegen mit sich selbst reden, dachte Ben.

»Der scheint ganz auf der Seite von Jungblöd zu stehen«, fuhr Pelé fort und seufzte. »Es wäre wirklich furchtbar, wenn man unser Reich zerstörte.«

»*Unser* Reich?«, fragte Ben verdutzt.

»O ja, natürlich. Dachtest du, ich wäre ganz allein hier unten?«, fragte Pelé.

Ben traute seinen Ohren kaum. »Stimmt. Das habe ich geglaubt. Gibt es etwa noch mehr ... zauberhafte Wesen wie dich?«

Der Waschbär schleckte sich die Pfoten gründlich ab. »Logo. Fußball ist ja nun mal ein Mannschaftssport, da ist man nie allein.«

Ben konnte es nicht fassen – das wurde ja immer besser!

»Ich stelle euch gleich mal meine beste Keller-Kicker-Kumpeline vor«, meinte Pelé und rief: »Rapida!«

Etwas flog fauchend quer durch den Raum und landete auf samtweichen Pfoten und somit nahezu geräuschlos vor den Freunden, die entsetzt zurückschreckten: Denn was sich da vor ihnen aufbaute, war eine Tigerin, die ihre gelben Augen auf sie gerichtet hatte und nun ihre dreißig scharfen Zähne präsentierte.

»Weg hier!«, rief Robin und sprang auf, während Mika vollkommen gebannt von dem Anblick der Raubkatze schien.

»Keine Panik, ich habe doch nur gegähnt«, erwiderte die Tigerin gelassen – und Robin setzte sich wieder, allerdings mit mehr Abstand zu der riesigen Raubkatze.

O mein Gott!, dachte Ben, dessen Herz wie wild pochte. Erst ein sprechender magischer Waschbär, jetzt eine Tigerin. Diese Akademie steckte wirklich voller magischer Überraschungen.

Rapida zog einen Fußball hervor und ließ ihn zwischen den Vorderpfoten in einem irren Tempo hin und her zischen. Dann balancierte sie den Ball kurz auf dem Kopf, gab ihn rüber zu Pelé, der ihn zu Ben spielte, der wiederum zu Robin passte, der die Kugel zu Mika weiterleitete. Mika kickte die Kugel zu Rapida, die sie geschickt aufnahm – und eine neue Runde begann.

»Ihr habt es echt drauf!«, rief Mika voller Anerkennung Pelé und Rapida zu.

»Das ist doch nur ein Spielchen«, erwiderte Rapida lässig. »Du müsstest uns mal erleben, wenn es hart auf hart geht!«

Dann wandte sie sich an Ben: »Pelé hat mir schon von dir erzählt«, sagte sie. »Aber wer sind die anderen zwei?«

Wieder stellte Ben seine Freunde vor.

»Okay, und meinen Namen kennt ihr ja schon!«, sagte die Tigerin. »Am liebsten spiele ich im Tor.«

»Keiner springt so weit wie sie«, sagte Pelé. »An Rapida kommt man nur schwer vorbei.«

»Richtig«, meinte die Raubkatze. »Ich verteidige meine Kiste mit Klauen und Zähnen, wie man so schön sagt.« Kurz zeigte sie ihre sichelartigen, zehn Zentimeter langen Krallen.

Dann kam der Ball wieder zu ihr, und Rapida knallte ihn volley in Richtung Pelé, der vor der Vitrine stand.

»Nein!«, schrie der Waschbär.

Der Ball jagte an ihm und dann haarscharf an dem großen Glaskasten vorbei, knallte gegen die Wand und sauste geradewegs zu Ben, der zu überrascht war, die Kugel sauber anzunehmen.

»Mit Bande, Leute«, sagte Rapida stolz.

»Aber zum Glück ohne Scherben«, brummelte der Waschbär. »Wäre nicht das erste Mal, dass du etwas zerballerst, Rapida.«

»Quatsch!«, fauchte die Raubkatze, nahm den Ball von Ben an und legte eine Pranke darauf. Sie wirkte ein

wenig beleidigt und schien die Kugel nicht mehr herausrücken zu wollen.

»Sagt mal«, nutzte Ben die Spielunterbrechung für eine weitere Frage. »Wie viele von euch gibt es denn hier eigentlich?«

»Oh, eine ganze Menge«, antwortete Pelé ausweichend.

»Wow, es muss herrlich sein, so viele magische Freunde zu haben«, meinte Ben. Immerhin kannten er, Mika und Robin jetzt bereits zwei von ihnen. Wer mochten die anderen sein? Das war alles so irre, so schön irre! Und vor allem war es megaspannend.

Dass Mika und Robin auch in der Lage waren, die zauberhaften Wesen zu sehen, war einfach fantastisch. Dieses große gemeinsame Geheimnis schweißte sie noch mehr zusammen.

»Freunde?« Rapida zog die Tigerstirn kraus. »Nun ja. Nicht alle von uns sind Freunde.«

»Richtig, ganz im Gegenteil …«, kam es von Pelé. Er klang fast ein wenig bedrückt.

»Wie meint ihr das?«, fragte Ben überrascht.

Pelé seufzte. »Es ist auch hier wie überall im Fußball: Es gibt immer Gegenspieler …«

6

Riskantes Dribbling

Beim Schulunterricht am nächsten Tag war Ben nicht ganz bei der Sache. Während sich Mika, Robin, Ida, Benno und die meisten anderen in ihrer Klasse rege am Unterricht beteiligten, schwebte Ben in einer Art Parallelwelt.

Seine ganze Vorfreude, aber auch seine ganzen Zweifel galten dem Turnier, das um 16 Uhr begann. Außerdem dachte er immer wieder an Pelé und Rapida. Die beiden waren so … wunderbar. Ben schielte hinüber zu Benno, der vermutlich nie in den Genuss kommen würde, diese beiden faszinierenden Wesen erleben zu dürfen. Das erfüllte Ben mit Glück und auch ein wenig Stolz, vermengt mit Schadenfreude. Gleich heute Abend wollte Ben mit Mika und Robin wieder in den Keller. Vielleicht tauchten Pelé und Rapida aber sogar schon beim Turnier auf.

Irgendwie ging ihm nicht aus dem Kopf, dass es noch viele andere zauberhafte Wesen im Schloss gab, die sich nicht alle zu mögen schienen. Was aber genau hieß das? Gab es regelrechte Auseinandersetzungen oder Kämpfe? Oder war es eher ein sportlicher Wettstreit wie bei einem fairen Fußballspiel?

Endlich erlöste der Gong Ben vom Schulunterricht und er strömte mit seinen Klassenkameraden und den Schülern aus den höheren Klassen in die Mensa, wo es heute – bingo! – Putenschnitzel gab.

Nach einer kurzen Mittagspause erreichten Ben, Robin und Mika um kurz vor halb drei pünktlich die Sportplätze.

Trainer Taylor und die anderen aus ihrem Team waren bereits da – ebenso die drei anderen Mannschaften. Die Truppe von Admira Altenkirchen spielte sich auf der anderen Seite des Platzes warm, auf dem die Fünftklässler von Rot-Weiß Tannwald zusammengekommen waren. Die anderen beiden Teams teilten sich den angrenzenden Fußballplatz.

Zuerst würden die Mannschaften, die sich gerade gegenüberstanden, ihre Kräfte messen. Die jeweiligen Gewinner kamen ins Endspiel, die Verlierer spielten um den dritten Platz.

Ein gut gelaunter, Zuversicht versprühender Taylor ließ Ben und die anderen ein paar Aufwärmrunden laufen.

»Meinst du, dass Pelé oder Rapida auch zum Spiel kommen?«, fragte Mika Ben im Flüsterton, während sie neben ihm her trabte.

»Möglich, man weiß das nie«, gab er ebenso leise zurück.

Es folgten Dehn- und Passübungen. Außerdem wurde ihr Keeper warm geschossen.

Benno zimmerte die Kugel vorbei am chancenlosen Torwart unter die Latte.

»Trainer, hast du das gesehen?«, rief er beifallheischend.

»Ja, ja, *really great,* Benno«, erwiderte der Coach mit einem sparsamen Lächeln. »Aber Ida hat gerade auch ein *amazing* Tor geschossen. Und Mika und Ben ebenfalls.«

»Ben?«, wiederholte Benno, als er mit Hannes an Ben vorbeilief. »Schönes Tor? Weiß nicht. Aber eines weiß ich sicher: Meines war schöner.«

»Auf jeden Fall«, stimmte Hannes ihm zu. »Was für ein Strahl.«

»Hoffentlich belohnt der Trainer das endlich mal«, grummelte Benno.

Ben ahnte, was Benno damit meinte: Benno hoffte einmal mehr auf die Rolle des Spielmachers. Wenn Ben ehrlich war, konnte er ihm das noch nicht einmal verübeln. Seine eigenen Trainingsleistungen waren diese Woche nicht gerade überzeugend gewesen. Mit Grausen dachte er an seinen Fehlschuss und Bennos ätzenden Kommentar zurück.

Da liegt ja schon Schnee drauf …

Eine Viertelstunde vor dem Anpfiff versammelte Taylor sein Team um sich und sprach mit ihm die Taktik durch.

»Admira ist konterstark, die haben schnelle Flügelspieler«, sagte er. »Also müssen wir vor allem auch bei den eigenen Standards aufpassen. *For example* bei unseren Eckbällen! Die Abwehr von denen ist dagegen nicht so stark.«

Alle nickten.

Dann kam die spannendste Ansage des Trainers – und zwar die, die die Mannschaftsaufstellung betraf.

»Ich werde schauen, dass jeder mal drankommt, wenigstens einmal in einem der beiden Spiele«, kündigte Taylor an.

Das war ja schon mal etwas. Aber wer schaffte es in die Startelf und auf welcher Position? Ben war angespannt und schielte zum Spielfeldrand. Kein Pelé, keine Rapida ...

Eine Minute später konnte Ben wieder tief durchatmen. Taylor vertraute ihm erneut die Spielmacherposition an, und Benno musste mit einer Rolle im defensiven Mittelfeld vorliebnehmen, was diesem sichtlich nicht passte. Auch Robin gehörte erstmals nach seiner Verletzung zur Startelf. Er strahlte.

Mika, Ida und Sophie durften ebenfalls von Anfang an ran. Paula, die Außenstürmerin, musste zunächst auf der Bank Platz nehmen, blieb aber gelassen.

Mika klatschte Ida und Sophie ab.

»Girlpower! Jetzt geht's ab!«

Benno rollte mit den Augen und Hannes seufzte theatralisch.

Dann ging's los – vor rund einhundert Zuschauern, die sich um die Plätze verteilt hatten.

Ben fühlte sich deutlich besser als in den vergangenen Tagen. Lag es daran, dass er heute mit seinen Freunden Mika *und* Robin von Anfang an auf dem Platz stand? Oder an seinen magischen Verbündeten Pelé und Rapida, die er zwar gerade nicht sehen konnte, die aber dennoch da waren, zumindest in seinem Herzen?

Gleich wie, Ben spielte befreit auf. Die Pässe von ihm, dem Ballverteiler im Mittelfeld, fanden zielgenau ihre Abnehmer. So etwa in der elften Minute, als er Robin steil schickte und der mit einem platzierten Flachschuss die Führung erzielte. Oder nur fünf Minuten später, als Ben gefühlvoll in den Lauf von Ida flankte, die nur noch den Fuß hinhalten musste, um gegen Admira auf 2:0 zu erhöhen.

»*Well done!* Gut gemacht!«, dröhnte es von der Trainerbank.

Es folgte zwar mit dem Anschlusstreffer von Altenkirchen eine kalte Dusche, aber nach einem klugen Zuspiel von Mika gelang Hannes postwendend das 3:1.

Und Benno? Der spielte völlig unauffällig, wirkte mitunter wie ein Fremdkörper im Spiel. Immer wieder fuchtelte er mit den Armen und forderte den Ball – und schien wütend, wenn er ihn nicht bekam.

Kurz vor dem Halbzeitpfiff reichte es ihm offenbar. Ben hatte gerade den Ball und suchte nach einer Anspielstation, als Benno wie eine Lokomotive von hinten heranrauschte.

»Lass mich mal, Lusche. Das dauert viel zu lang!«, schnaufte er und nahm dem verdutzten Ben den Ball ab.

Dann stürmte Benno nach vorn und Ben und die anderen aus dem Team rückten auf.

Benno ließ zwei Gegner aussteigen und ging gegen den dritten Admira-Kicker in ein riskantes Dribbling, das er prompt verlor.

Und dann geschah genau das, wovor Taylor gewarnt hatte: Es folgte einer dieser blitzartigen Konter, für die Admira Altenkirchen bekannt und gefürchtet war – und schon schlug der Ball hinter Einar zum 2:3 im Kasten des Tannwälder ein.

Mit diesem Zwischenstand ging es in die Pause.

»*Why,* Benno, warum?«, fragte Taylor gereizt. »Wir könnten mit zwei Toren führen. Aber du musst kurz vor dem Pausenpfiff ein Solo starten und verlierst den Ball. Das war unnötig!«

Benno schaute die anderen Spieler missmutig an. »Ihr habt mich allein gelassen, ihr habt mir nicht geholfen. Ich konnte niemanden anspielen!«, beschwerte er sich. »Also war das gar nicht meine Schuld!«

Bevor Ben oder einer der anderen antworten konnte, rief der Coach: »Das ist *nonsense*, Benno.«

Damit war die Diskussion beendet.

In der zweiten Halbzeit musste Benno auf die Bank.

»Puh, böse Sache«, meinte Robin zu Ben. »So früh schon ausgewechselt zu werden … Ob das die Quittung für das Gegentor ist?«

Ben zuckte die Schultern. »Kann sein. Aber ich fand Bennos Leistung allgemein nicht so prickelnd. Außerdem soll ja auch jeder mal eingewechselt werden.«

Für Benno kam mit Paula noch eine weitere schnelle Stürmerin.

»Jetzt sind alle Mädchen an Bord!«, freute sich Mika. »Nun kann ja gar nichts mehr schiefgehen!«

Doch zunächst machte Admira mächtig Druck. Das Team drängte auf den Ausgleich. Zum Glück hatte ihr Torwart wieder einmal einen Sahnetag erwischt und parierte mehrere gut platzierte Bälle. Die anderen von Rot-Weiß Tannwald waren überwiegend mit Defensivarbeit beschäftigt, um die knappe Führung irgendwie über die Zeit zu bringen.

Bis zur 58. Minute. Da luchste Ben seinem Gegenspieler im Mittelfeld den Ball ab, hob den Blick, sah, dass die pfeilschnelle Paula gestartet war, und schlug eine weite Flanke. Paula nahm den Ball perfekt an, schlug einen Haken und schlenzte die Kugel perfekt ins Eck. Das war das 4:2 kurz vor Schluss und damit die Entscheidung!

Ben jubelte mit Mika und den anderen Tannwälder auf dem Platz. Dann blickte er kurz zur Bank. Alle waren aufgesprungen und feierten Paulas tollen Treffer sowie Bens nicht minder gute Vorarbeit.

Nur einer war sitzen geblieben: Benno, der sich zu einem Lächeln zwang und klatschte, wobei sich seine Hände kaum berührten.

7

Der Elfmeter

Nach dem Sieg über den Turnierfavoriten Admira Altenkirchen blieben ihnen neunzig Minuten bis zum nächsten Spiel, dem Finale des Miniturniers. Dort erwartete sie die Truppe vom FC Burgfeld, die ihr erstes Spiel mit 2:0 gewonnen hatte. Vor dem Finale würde es das Spiel um Platz 3 geben.

»Das war *good,* manches sogar *very good*«, lobte Trainer Taylor seine Spieler während der Pause. »Ein paar kleine Schwächen hin und wieder, aber das ist normal. *Nobody is perfect.* Alles in allem: *Well done!*

Denn ihr seid wie ein Team aufgetreten, und genau das ist so wichtig: der Teamspirit.«

Er klopfte Benno auf die Schulter. »Manche lernen es schnell, manche brauchen ein bisschen länger. Aber das wird schon. Kopf hoch, Benno.«

Benno schob den Unterkiefer vor und nickte knapp. »Also spiele ich im Finale gar nicht, oder was?«

»Bleib cool, ich überlege noch«, ließ Taylor Benno im Ungewissen. Benno senkte den Kopf.

»Jetzt zum Gegner«, fuhr Taylor fort. Der FC Burgfeld sei in der Abwehr mit einer Viererkette und dem davor defensiv eingestellten Mittelfeld sehr stabil. Sie arbeiteten nur mit einer Spitze, die zwar selten an den Ball komme, dann aber brandgefährlich sei. »Den Neuner von denen siehst du 55 Minuten nicht«, führte Taylor aus. »*But* wenn der mal eine Chance hat, dann nutzt der die auch. Also: *Be careful!*«

»Den übernimmst am besten du«, meinte Mika zu Sophie und grinste. »An dir kommt schließlich niemand vorbei.«

Sophie lächelte. »Ich werde den Typ im Auge behalten.«

»Und ich lasse einfach keinen rein«, ergänzte Einar.

»Genau, ganz *easy*«, sagte Taylor lachend. »Und noch etwas: Falls wir einen Elfer bekommen, ist Ben unser Schütze Nummer eins.«

Ben strahlte. Das war eine Auszeichnung!

Dann schauten sie sich gemeinsam das Spiel um Platz drei an. Es entwickelte sich ein spannendes Match, bei dem Admira Altenkirchen diesmal der Favoritenrolle gerecht wurde und das Spiel mit 3:1 für sich entschied.

Wenig später wurde das Finale angepfiffen. Ben, Mika und Robin waren erneut in der Startelf. Als sie am Mittelkreis zusammenstanden, flüsterte Robin, während er auf einen bestimmten Punkt an der Böschung neben dem Platz schaute: »Ich glaube, ich habe gerade da hinten im Gebüsch eine Katze gesehen – eine verdammt große Katze ...«

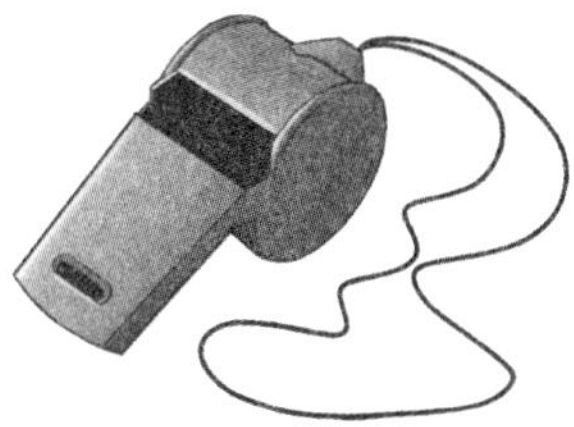

»Rapida?«, stieß Mika hervor. »Wo?«

»Nicht so laut!«, zischte Ben.

»Oh, *pardon*«, sagte Mika, erschrocken über sich selbst.

Ben spähte in die Richtung, in die Robin gerade geschaut hatte und konzentrierte sich. Da bewegten sich ein paar Zweige! Und ja, da schien sich ein länglicher, eleganter Körper zu verstecken ... das mochte Rapida sein! Und daneben hüpfte ein kleiner Waschbär herum,

wenn Ben nicht alles täuschte.

Ihre zauberhaften Freunde wollten sich offenbar tatsächlich das Finale nicht entgehen lassen. Wie genial!

Benno bekam eine zweite Chance, allerdings musste er wieder mit einer Position im defensiven Mittelfeld vorliebnehmen.

Taylor versuchte ihm die Rolle schmackhaft zu machen: »Benno, du bist der Staubsauger vor der Abwehr, du sorgst dafür, dass die Gegner erst gar nicht bis zu unserem Strafraum kommen, okay?«

Wieder nickte Benno knapp, und Ben sah ihm an, dass der alles andere als glücklich war.

Aber Benno beging nicht die Fehler vom Auftaktmatch gegen Admira, sondern spielte diesmal mannschaftsdienlich. Kein Eigensinn, keine sinnlosen und gefährlichen Soli.

Der FC Burgfeld kickte wie von Taylor angekündigt total defensiv. Von Anfang an rührte das Team Beton an. Der einzige Stürmer, ein schlaksiger Typ, trabte vorn allein herum und hatte so gut wie nie den Ball. Aber er war geschickt darin, sich freizulaufen, und Sophie und ihre Abwehrkollegen mussten höllisch aufpassen, dass er ihnen nicht entwischte und dann doch den Ball bekam.

Ben versuchte das Spiel zu ordnen und spielte immer wieder kluge Pässe, doch gegen die vielbeinige Defensive der Burgfelder gab es zunächst kein Durchkommen.

Was für eine Maurertruppe, dachte Ben genervt, der allmählich ungeduldig wurde. Er wusste, dass es auf ihn ankam, auf seine Ideen, wie sie die Abwehr des FC knacken konnten. Doch er fand den Schlüssel nicht. Noch nicht. Für einen ganz kurzen Moment beneidete Ben sogar Benno für dessen Position. Es war nun einmal leichter, das Spiel des Gegners zu zerstören, als das eigene aufzubauen.

Das Match spielte sich also weiter überwiegend im Mittelfeld ab und war nicht gerade attraktiv. Dennoch kamen vom Publikum Anfeuerungsrufe. Gegen Ende der ersten Halbzeit, es stand immer noch 0:0, wurden sogar gelungene Kurzpässe bejubelt, weil es sonst nichts zu feiern gab.

Die beiden beschäftigungslosen Keeper begannen sich zu langweilen. Einar nuckelte immer wieder an seiner Trinkflasche, der Torwart von Burgfeld zupfte an seinen Handschuhen herum.

Bis zur Pause blieb es beim torlosen Unentschieden.

»Ben«, sagte Taylor eindringlich. »Du musst versuchen, das Spiel breiter aufzuziehen, es zu öffnen.«

»Ja«, sagte Ben nur, dem es unangenehm war, dass alle Blicke auf ihn gerichtet waren. Die Mienen aller anderen waren ernst. Aller? Nein, dachte Ben. Benno lächelte ganz schwach.

Egal, Ben wusste ja, dass es vor allem auf ihn ankam. Er hatte aber bisher einfach noch keine Zauberformel gefunden, wie er das Bollwerk des FC knacken konnte.

Zauberformel – ob vielleicht Pelé oder Rapida ihm einen Wink geben konnten?, durchfuhr es ihn. Er schaute am Trainer vorbei zur Böschung, konnte die magischen Wesen jedoch nicht entdecken. Aber sie waren noch immer hier, ganz bestimmt, dachte Ben. *Hoffte* Ben. Er brauchte ihren Beistand gerade ganz besonders.

Kurz darauf rollte der Ball wieder. Zehn Minuten tat sich kaum etwas, das Match plätscherte vor sich hin. Vielleicht war genau das die Taktik der Burgfelder gewesen. Denn wie auf ein geheimes Kommando hin rückten sie überfallartig nach vorn, überrumpelten erst Ben und

Robin und schließlich auch Benno. Es folgte ein Pass zum Schlaks in der Spitze – und schon war der bis zu diesem Zeitpunkt arbeitslose Einar geschlagen. Das 1:0 kam wie aus dem Nichts!

Ben war entsetzt, wütend und fassungslos. Da starteten die Gegner einen einzigen Angriff – einen einzigen! – und gleich gab es ein Tor. Das war das, was man wohl unter Effizienz verstand.

Entschlossen wollte er sein Team zum Ausgleich führen, doch einer seiner Pässe wurde abgefangen. Der zweite Angriff des FC folgte und dummerweise auch deren zweiter Treffer, weil Einar, sonst die Zuverlässigkeit in Person, eine Flanke unterlief und der Burgfelder Stürmer sein zweites Tor markierte, diesmal per Kopf.

Plötzlich sahen Ben, Mika und Robin Rapida. Sie saß hinter Einars Kasten, hielt sich eine Pranke über die Augen und schüttelte den Kopf. Dann richtete sich die Tigerin zur vollen Größe auf und zeigte ihre Krallen.

Okay, dachte Ben und nickte Robin und Mika zu. Wir wehren uns! Attacke!

Trainer Taylor wechselte dreimal aus, ließ Ben aber auf seiner Position. Dafür erwischte es Mika, die zerknirscht den Platz verließ. Es war einfach nicht ihr Spiel gewesen, und daran hatte auch Ben eine Mitschuld, wie er sich eingestand. Er hatte Mika und die anderen Stürmer nicht gut in Szene gesetzt. Wie schon im ersten Spiel kam Paula rein.

Mit Wut im Bauch führte Ben den Anstoß aus. Er legte hinüber zu Robin, der Paula auf die Reise schickte. Sie war noch frisch und konnte sich auf dem rechten Flügel durchsetzen. Aus vollem Lauf trieb Paula die Kugel in den Sechzehner der Gegner, wo Hannes lauerte. Der wollte den Ball annehmen, als er von einem Gegenspieler ziemlich ungeschickt gefoult wurde – der Schiri pfiff Elfmeter.

Es gab kaum Proteste der Burgfelder, aber Diskussionen bei Rot-Weiß Tannwald.

Denn als Ben den Ball auf den Punkt legen wollte, rannte Benno heran.

»Lass mich lieber, ich habe nun mal den härteren Schuss«, sagte er leise, damit Taylor ihn nicht hören konnte, und versuchte, Ben den Ball abzunehmen.

Doch Ben hielt ihn fest.

»Nein, ich schieße. So hat es der Trainer festgelegt. Außerdem habe ich die bessere Technik.«

Benno lachte auf. »Was? Du? Du spielst heute total schlecht und du wirst das Ding versemmeln.« Er riss am Ball und fast wäre Ben mit ihm nach vorn auf den Rasen gekippt. Mit Mühe – und dem Ball, den er fest an sich presste – fand Ben die Balance wieder.

Aber er wankte innerlich. Benno hatte schon recht, Ben hatte bisher nicht überzeugt. Sollte er nicht doch besser dem alten Widersacher den Ball überlassen?

Nein!, sagte sich Ben. Es ging ihm ums Prinzip: Er wollte sich von Benno nicht einfach den Ball abnehmen lassen.

Jetzt kamen Rufe von der Außenlinie. Taylor war der Zweikampf nicht entgangen.

»Ben schießt!«, legte der Trainer erneut fest.

Benno schüttelte den Kopf, gab aber nach. »Na schön, dann mal ... viel Glück«, sagte er zu Ben. »Das wirst du Niete brauchen.«

Ben ignorierte ihn und legte den Ball auf den Punkt, während der gegnerische Torwart auf der Linie her-

umzuhampeln begann. Vermutlich wollte er mit seinem Tänzchen Ben noch weiter verunsichern.

Aber Ben war nicht nur unsicher, er fühlte sich richtig mies. Alle Blicke, ob auf oder neben dem Platz, waren auf ihn gerichtet. Er fühlte sich, als stände er mutterseelenallein auf einer riesigen Bühne im grellen Scheinwerferlicht.

Versiebte Ben die Chance, so würden sie das Match vermutlich verlieren, denn viele solche Chancen würde Rot-Weiß Tannwald wohl nicht mehr bekommen – Halbzeit eins war der Beweis.

Der Ball lag nun genau auf dem Punkt und Ben machte ein paar Schritte zurück. Dabei fiel sein Blick auf das Tor, in dem er gleich hoffentlich die Kugel versenkte – und da sah er Pelé. Sein Freund wedelte mit dem Zeigefinger.

Nein, tu's nicht!, schien das zu bedeuten. Lass es!

Ben war für einen Moment unschlüssig, doch

dann hörte er auf den magischen Waschbären.

Er wandte sich um und meinte zu Benno: »Okay, mach du.«

Benno grinste breit. »Angst? Kann ich gut verstehen. Hätte ich an deiner Stelle auch.«

Dann drängte er an Ben vorbei und stürmte wild entschlossen auf den Ball zu.

8

Feuer frei!

Benno traf den Ball perfekt, er hämmerte ihn vom Elfmeterpunkt in die Maschen. Danach trommelte er sich mit den Fäusten auf seine Brust wie ein Gorilla und nahm die Glückwünsche der Mannschaft entgegen.

Auch Ben gratulierte kurz. Er war froh, dass er den Rückzieher gemacht hatte. Es war die richtige Entscheidung gewesen, auch wenn Bennos Treffer nichts nützte – denn nach 60 Minuten stand es immer noch 2:1 für Burgfeld. Das Endspiel war knapp verloren.

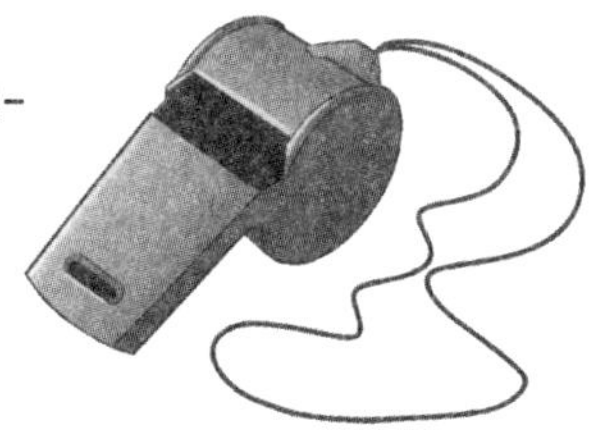

Trainer Taylor fand trotz der Niederlage lobende Worte für sein Team und meinte zum Elfer: »Auch wenn wir vorher festgelegt hatten, wer einen Elfer schießen soll: Es muss immer der antreten, der sich am besten fühlt. Also war es okay, Ben, dass du den Ball Benno überlassen hast.«

Benno nickte. »Richtig, das war schlau von Ben. Habt ihr gesehen, wie ich den Elfer reingezwiebelt habe? Allererste Sahne, oder Leute? Ich kann die Elfer gern immer übernehmen, Trainer.« Er warf Ben einen kurzen Seitenblick zu. »Dann sind sie wenigstens sicher drin.«

»Wir werden sehen«, wiegelte Taylor ab. »Ben ist auch ein guter Elfmeterschütze.«

Nach dem Abendessen saß Ben mit Robin in ihrem Zimmer. In einer Viertelstunde wollte Mika vorbeikommen, um gemeinsam in den Keller zu den Maskottchen zu gehen.

Robin schaute sich YouTube-Videos an, Ben blickte auf sein Handy. Er hatte nach dem Miniturnier seinen Eltern und Schwesterchen Elli eine Sprachnachricht geschickt und nun hatte er eine Antwort erhalten.

Ben stöpselte den Kopfhörer ein und lauschte. Zuerst kamen die ruhigen Stimmen seiner Eltern, die ihm und seiner Mannschaft zum zweiten Platz gratulierten und berichteten, dass bei ihnen zu Hause alles okay sei.

Dann folgte Elli. »Huhu Donaldo«, piepste sie: »Ich habe heute auch ein Tor geschossen. Mit einem Luftballon gegen meine Kaninis. Den Ballon mögen die Kaninis nicht, den fressen die nicht auf. Die Kaninis hoppeln in dem Tor rum, das Papa gebaut hat. Und ich schieß mit dem Ballon drum herum.«

Ben wurde das Herz schwer und er seufzte.

»Alles gut?«, kam es prompt von Robin.

»Äh, ja. Und nein.« Ben nahm den Kopfhörer ab. »Ich vermisse meine Familie.«

Robins Blick wurde düster. »Sei froh, dass du jemanden hast, den du vermissen kannst.«

»Dein Papa meldet sich doch regelmäßig, oder?«, wandte Ben ein.

»Schon, aber das ist nur ... eine halbe Familie. Außerdem fragt mein Papa immer nur, wie es beim Fußball läuft. Aber er interessiert sich nicht dafür, wie es mir geht.«

Ben schluckte. Sein Freund tat ihm leid. Er suchte nach den richtigen Worten, als die Tür aufflog und Mika ihre rote Haarpracht ins Zimmer steckte.

»Kannst du nicht mal anklopfen?«, fragte Ben erschrocken.

»Pardon, vergessen!«, flötete Mika. »Aber was sitzt ihr hier rum? Wir wollten doch in den Keller zu Pelé und Rapida! Die beiden sind sooo cool.«

»Allerdings«, pflichtete ihr Ben bei. Der Kellerbesuch würde auch Robin auf andere Gedanken bringen. »Aber wir müssen wieder gut aufpassen, dass uns niemand beobachtet.«

»Logo«, erwiderte Robin, der sich schon erhoben hatte.

Sie liefen vom Mannschaftsquartier in den alten Teil des Internats und kamen dabei an vielen Mitschülern aus allen möglichen Klassenstufen vorbei.

Im Schloss selbst war jede Menge los, und Ben bekam einen Schreck, als er dort ausgerechnet Benno sah. Der schaute kurz zu ihm, Mika und Robin hinüber.

»Kurswechsel«, raunte Ben und zog seine Freunde zur Treppe, die hinauf zu den oberen Stockwerken führte. In seinem Rücken spürte er Bennos Blick.

Als Ben, Mika und Robin sich sicher waren, dass die Luft rein war, liefen sie wieder hinunter und gelangten schließlich in die wunderbare Welt der Andenken und Erinnerungen an die *goldenen* Tage, wie Wolpertinger sie einmal genannt hatte.

In einem großen Raum mit vielen Vitrinen, Kisten und Kartons hockten sich die drei Freunde auf den Boden und konzentrierten sich darauf, die beiden Maskottchen zu rufen.

Es herrschte eine konzentrierte Stille, die plötzlich von einem Geräusch zerrissen wurde. Eine Tür war zugefallen.

Ben, Mika und Robin wechselten Blicke. Kam da jemand?

Ben hechtete zur Tür, löschte das Licht im Kellerraum und spähte in den Gang, der noch hell erleuchtet war. Schnell machte Ben auch dort das Licht aus. Er lauschte in den Flur. Schritte! Dann flammte die staubige Glühbirne im Gang wieder auf und Ben konnte sich gerade noch rechtzeitig in den Kellerraum zurückziehen.

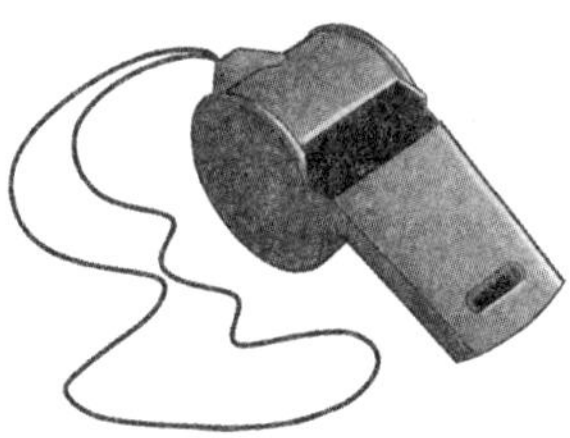

Wenn das Akademieleiter Wolpertinger oder Frau Abelone war, so war das kein Problem. Die Freunde könnten sich damit herausreden, dass sie sich brennend für die Geschichte der Akademie interessierten und deshalb hier herumstöberten. Aber wenn es jemand anderes war?

Ben zeigte auf die Kisten und Kartons und bedeutete seinen Freunden, sich dahinter zu verstecken.

Schon ging die Tür auf, das Licht wurde angemacht und niemand anders als Benno betrat den Raum. Was wollte ausgerechnet der schon wieder hier?

Ben machte sich in seinem Versteck ganz klein.

Kurz spielte er mit dem Gedanken, sich mit seinen Freunden Benno entgegenzustellen. Doch dann verwarf er das gleich wieder. Benno durfte sie nicht entdecken, sonst würde er wieder Fragen stellen. Womöglich hatte er beim letzten Mal Verdacht geschöpft und ahnte, dass Ben ein Geheimnis hatte.

»Was für ein alter Mist«, murmelte Benno angesichts der vielen Andenken.

Aha, wer ist hier Mister Selbstgespräch, lästerte Ben in Gedanken.

Schritte tappten durch den Raum. Plötzlich verstummte das Tappen. Dafür war Bennos Stimme zu hören: »Oha, doch nicht nur Schrott, was hier rumliegt. Das ist ja ein signierter Schuh von Nessi. Der ist bestimmt richtig viel Geld wert!«

Genau, Mister Selbstgespräch, hier gibt es sogar Dinge, die absolut unbezahlbar sind. Aber die kann jemand wie du gar nicht sehen!, dachte Ben.

Da ertönte ein Schrei, gefolgt von dem Geräusch eines aufspringenden Balls.

»Aua, wer war das?«, rief Benno erschrocken. »Wer ballert mir einen Ball an den Kopf, hä?«

Ben musste trotz der Anspannung lächeln. Das mussten Pelé oder Rapida gewesen sein, die ihr Reich verteidigten oder blöde Sprüche bestraften. Ben schaute zu Mika und Robin, die ganz in der Nähe in ihren Verstecken kauerten. Mika hielt sich die Hand vor den Mund, weil sie vermutlich sonst laut losgeprustet hätte. Robin grinste von einem Ohr zum anderen.

»Hm, vielleicht ist der verdammte Ball von da oben aus dem Regal geflogen«, überlegte Benno laut.

Es folgten ein dumpfer Ton und noch ein Schrei. »Jetzt reicht's!«, brüllte Benno. »Voll gegen meinen Hintern!«

Er klang gehetzt, als er hervorstieß: »Ich soll wohl denken, dass es hier spukt, oder wie? Aber Spukgeschichten sind was für kleine Kinder. Wer auch immer du bist

und wagst, mir einen Ball an den Hintern zu kicken – zeig dich!«

Stille.

»Na schön, ich werde dich finden, du Spaßvogel, und dann bekommst du von mir einen Ball an den Kopf oder auch mehrere!«, drohte Benno. »Jetzt bist du dran!«

Wieder waren Schritte zu hören. Schritte, die lauter wurden – die also genau auf Ben, Mika und Robin zukamen …

9

Im Ballgewitter

Oh nein, dachte Ben. Gar nicht gut!

Okay, sie waren zu dritt, falls Benno ihn, Mika und Robin für die Attacke auf seine Birne und seinen Hintern verantwortlich und seine Drohung wahr machen wollte. Aber es könnte eine Menge Fragen und Ärger bedeuten.

Bämm! Es klatschte laut und vernehmlich – und Benno heulte auf.

»Was, zum Teufel …«

Bämm! Wieder dieses Klatschen.

Hatte Benno noch weitere Treffer abbekommen?

Die Neugier siegte, Ben spähte aus seiner Deckung hervor – und was er jetzt sah, ließ ihn innerlich jubeln, als hätte er gerade das entscheidende Tor bei einem besonders wichtigen Spiel geschossen.

Pelé und Rapida feuerten einen wahren Hagel an Bällen auf Benno ab.

Der führte mitten im Kellerraum einen seltsamen Tanz auf, während von allen Seiten Bälle auf ihn zuflogen. Einer traf ihn an der Schulter, einer am Knie, der dritte prallte gegen seine Stirn, der vierte landete wieder auf seinem Hinterteil. Wie ein Torwart versuchte Benno, die Geschosse mit Händen und Füßen abzuwehren, konnte aber die meisten Treffer nicht verhindern.

Bämm, bämm, bämm!

Rapida kickte die nächste Kugel per Dropkick auf Benno, Pelé nahm einen Ball, der von Bennos Brust abgeprallt war, volley auf und brachte ihn wieder ins Ziel.

»Aufhören, verdammt, aufhören!«, kreischte Benno. Er taumelte im Ballgewitter zum Ausgang, wankte auf den Gang hinaus und rammte die Tür hinter sich ins Schloss.

Bäng, Bäng – die letzten beiden Bälle donnerten gegen die Metalltür und kullerten unschuldig zu den beiden magischen Wesen zurück. Rapida stoppte eine der Kugeln mit ihren stattlichen Pranken.

»Gewonnen!«, rief sie Pelé mit einem extrabreiten Tigergrinsen zu. »Ich habe ihn fünfmal getroffen, du nur viermal.«

»Ne, ne«, meinte Pelé. »Du musst dich verzählt haben. Du hast auch ein paarmal danebengeballert. Na ja, du stehst ja auch im Tor und sollst Treffer verhindern und nicht erzielen.«

»Ich und danebenschießen?«, brauste Rapida auf. Ihre Pranke drückte so fest auf den Ball, dass der fast die Form eines American Football bekam.

»Vorsicht, nicht kaputt machen«, warnte Ben, der jetzt mit Mika und Robin aus den Verstecken kam.

»Schon wieder so eine Verdächtigung«, grummelte Rapida. »Ich kann super mit Bällen umgehen, ich weiß genau, was die aushalten und überhaupt, ich ...«

Pffft ... der Ball hauchte sein Leben aus.

»Oh, sorry«, murmelte Rapida. »Ich habe wohl einfach zu viel Kraft.«

»Hauptsache, es war nicht der WM-Ball aus der feinen Andenkensammlung hier im Keller, den du zerstört hast. Du weißt schon, der Ball von 1954. Da wurden die Deutschen das erste Mal Weltmeister. In Bern. Ach ... die Herberger-Elf mit Fritz Walter«, schwärmte Pelé.

»Danke für eure Hilfe«, unterbrach jetzt Mika Pelés Erinnerungen.

»Ja, das war echt mega, wie ihr Benno vertrieben habt«, lachte Robin. »Jeder Schuss ein Treffer!«

Mega? Ben war sich da nicht so sicher. Klar, auch er war froh, dass Benno geflohen war. Aber würde die Ballattacke Benno davon abhalten, hier unten erneut herumzuschnüffeln? Oder, ganz im Gegenteil, ihn dazu anstacheln, es wieder zu tun, um herauszufinden, wer dahintergesteckt hatte?

»Fast jeder Schuss«, korrigierte Pelé mit einem Seitenblick auf Rapida.

»*Jeder!*«, grollte die Tigerin.

»Nicht streiten«, bat Mika. »Ihr wart beide super.«

»Hier unten gibt es echt einen Ball von 1954?«, fragte Robin.

»Logo. Unser wunderbarer Akademieleiter Wolpertinger hat diese wertvollen Dinge in den letzten Jahrzehnten zusammengetragen«, erwiderte Pelé. »Vieles wurde uns aber auch von Gönnern geschenkt – zum Beispiel ein Trikot, das bei der WM 1958 in Schweden getragen wurde. Sogar im Finalspiel!«

»Wow«, staunten Robin, Mika und Ben unisono.

»Doof nur, dass die Sachen hier unten im Keller versteckt sind«, grummelte Rapida. »Die gute Abelone kümmert sich zwar ein wenig darum, dass sie nicht allzu sehr verstauben, aber das ist nicht der richtige Platz für derart wertvolle Andenken.«

»Stimmt, das gehört eigentlich alles in eine Art Ausstellungsraum!«, rief Ben.

»Ein neuer Anbau müsste her, wo man die Sachen zeigen könnte«, sagte Pelé. »Wolpertinger will das eigentlich auch, aber dafür fehlt das Geld, und Finanzdirektor Jungblöd hat sowieso ganz andere Pläne. Auf den müssen wir ein Auge haben.« Dann wechselte der Waschbär das Thema: »Wollt ihr das WM-Trikot sehen?«

Natürlich, das wollten die drei.

Und so bekamen sie eine Gratisführung durch die Welt der Andenken, gespickt mit vielen Geschichten. Die Zeit verging wie im Flug, bis Ben, Mika und Robin schlafen gehen mussten.

Der Schulunterricht am nächsten Tag verlief gut.

Ben beobachtete hin und wieder Benno, der aber unverändert wirkte: Benno war wie immer eine Spur zu laut. Die hübsche Aktion gestern im Keller schien sein ausgeprägtes Selbstbewusstsein nicht angekratzt zu haben. Vielleicht zog Benno aber auch nur eine Show ab.

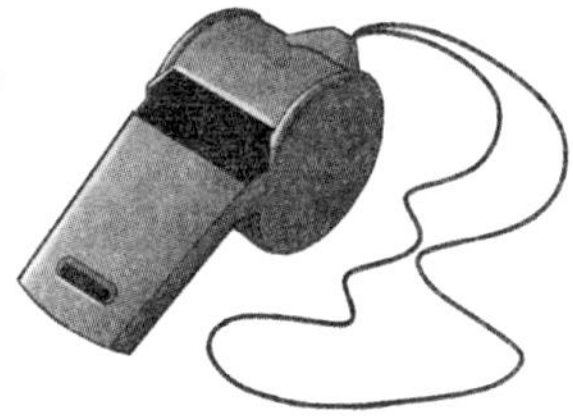

Nach dem Training und dem Abendessen flitzten Ben, Mika und Robin einmal mehr zu den beiden Maskottchen.

Als die sich den Freunden zeigten, sah Ben sofort, dass etwas nicht stimmte.

»Das Trikot ist weg«, sagte Pelé mit versteinerter Miene.

»Wie – weg?«, fragte Ben entsetzt nach.

»Es wurde gestohlen«, seufzte Rapida. »Irgendwann heute Mittag.«

»Aber … aber ich dachte, ihr und die anderen Maskottchen passt auf die wunderbaren Dinge auf«, meinte Mika fassungslos.

Pelé zuckte mit traurigem Gesichtsausdruck die Waschbärenschultern. »Wir können nicht immer überall sein.«

Das leuchtete Ben ein. »Wer steckt dahinter, habt ihr eine Ahnung?«

Rapida schüttelte den Kopf. »Leider nicht. Frau Abelone hat den Diebstahl bemerkt, als sie hier unten ein bisschen klar Schiff gemacht hat. Sie ist gleich zu Wolpertinger gelaufen. Der wird wohl die Polizei einschalten.«

Ben war so traurig, so wütend. Wer hatte bloß das Trikot gestohlen?

»Benno hat hier herumgeschnüffelt«, sagte Mika mit Bedacht, als könne sie Gedanken lesen. »Ob der das Trikot gestohlen hat? Das ist sicher einiges wert, oder?«

»Allerdings«, antwortete der Waschbär. »Mindestens fünfzigtausend Euro.«

»Puh, das ist wirklich eine Menge«, staunte Robin. »Aber so etwas traue ich Benno nicht zu.«

»Vielleicht war es Jungblöd«, überlegte Mika laut. »Er braucht schließlich Geld für seine kühnen Pläne von diesem E-Sport-Center.«

Hm, dachte Ben, das klang irgendwie logisch. Plötzlich fiel ihm Frau Abelone ein. Sie hatte berichtet, dass sie auf einen windigen Finanzberater hereingefallen sei und ihre gesamten Ersparnisse futsch seien.

Nein, korrigierte sich Ben. Abelone konnte einfach nicht die Diebin sein. Sie liebte die Andenken, die Maskottchen, die gesamte Parallelwelt hier unten. Doch wie war das in Krimis: Immer die Person, die am unverdächtigsten erschien, war am Ende die Täterin ...

Ben wischte diesen fiesen Gedanken beiseite. Es war viel angenehmer, sich Jungblöd als Dieb vorzustellen. Oder Benno. Oder ... eine vierte Möglichkeit kam Ben in den Sinn und er hielt den Atem an. Pelé und Rapida hatten von weiteren zauberhaften Wesen berichtet und von gewissen Feindseligkeiten zwischen ihnen. Konnte der dreiste Diebstahl damit etwas zu tun haben? Aber was? Fragen über Fragen ... Ben fasste einen Entschluss.

»Das Trikot muss wieder her, da sind wir uns sicher einig«, sagte er. »Wir fünf werden uns auf die Suche nach dem Täter machen und das Trikot zurückbringen! Schließlich haben wir bewiesen, dass wir nicht nur beim Fußball ein super Team sind, sondern auch außerhalb des Platzes.«

»Jawohl!«, rief Mika sofort.

»Genau das«, kam es von Robin.

Pelé und Rapida waren ebenfalls dabei.

»Wir ermitteln in unserer Welt, ihr in eurer«, schlug der Waschbär vor.

Ben nickte. Sie würden den Dieb schnappen. Denn sie waren unschlagbar!

Leseprobe aus Band 1

Die Zauberkicker, **Anpfiff!**

ISBN 978-3-440-17533-0

Sein Sportrucksack baumelte munter hin und her, während Ben die kaum befahrene Dorfstraße hinaufjoggte. Ein leichter Wind rauschte in den Apfelbäumen am Straßenrand – für Ben klang es wie das ehrfürchtige Raunen von Stadionzuschauern.

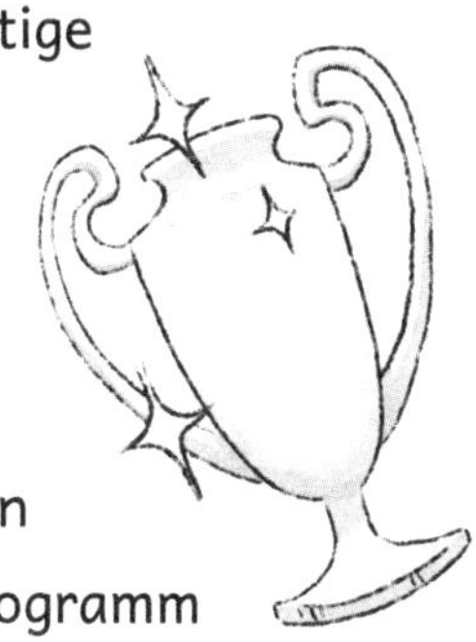

Da rollte ihm ein grüner Apfel von der Streuobstwiese entgegen. Wenn das nicht mal eine glückliche Fügung war! Prompt dribbelte Ben mit dem neuen Spielgerät den Asphalt hinauf und spulte dabei das volle Programm seiner Fußballtricks ab.

In seiner Fantasie katapultierte er sich mitten hinein ins Trainingsspiel. Er stellte sich vor, wie er Gegenspieler um Gegenspieler schwindlig spielte und dann zuletzt *Ben Nummer 1* mit einem zweifachen Übersteiger eiskalt ins Leere laufen ließ.

›Ben Nummer 1‹ hieß eigentlich Benno. Ihr Trainer, Herr Stackenberg, hatte irgendwann mit dieser lächerlichen Spitznamensache angefangen. Ganz nebenbei hatte er Ben den nervigsten Namen des ganzen Sonnensystems verpasst: *Ben Nummer 2*. Autsch!

Benno war vor einem Jahr zum 1. SC Windegg dazugestoßen. Seitdem war in der D-Jugend nichts wie zuvor. Die Spielmacher-Position, die vorher Bens gewesen war, hatte der Trainer Benno übertragen, zusammen mit dem Spitznamen ›Nummer 1‹. Doch er war nicht wirklich besser, sondern einfach nur der Sohn von Herrn Stackenberg. Während dieser Benno *immer* spielen ließ, durfte Ben in den Punktspielen nur auf den Platz, wenn sich jemand den Zeh gebrochen hatte oder nicht vom Klo runterkam. Schlimmstenfalls bekam Ben kurz vor einem Spiel die Torwarthandschuhe zugeworfen und musste 60 lange Minuten zwischen den Pfosten herumstehen. Kurz gesagt: Er war der perfekte Notnagel für Herrn Stackenberg. Doch damit würde schon sehr bald Schluss sein! Ja, für das Training heute hatte sich Ben einiges vorgenommen. Es sollte *sein* Tag werden. Endlich wollte er dem Trainer zeigen, dass er nicht die ewige ›Nummer 2‹ war.

Das schwor sich Ben, während er den Parkplatz des Trainingsgeländes erreichte. Nach einer gekonnten Schussfinte setzte Ben zu einem letzten explosiven Dribbling an, das er prompt krönte: Er bolzte ›die Kugel‹ mit einem **Ploing** gegen den löchrigen Ballfangzaun.

Der Aufprall war so heftig, dass ein ganzer Schwarm Meisen aus dem nahe gelegenen Gebüsch in den Himmel floh.

Ben folgte ihrer Flugbahn mit seinen Augen: Hoch über dem Zaun waberten ungemütlich dunkle Wolken heran. Au Backe! Hoffentlich würden sie einen großen Bogen um den Platz machen. Ein paar Minuten Regen genügten, um den Hartplatz in ein riesiges rotbraunes Matschbecken zu verwandeln.

Dann war es erst einmal Zeit für Bens Ritual: Er schubste das rostige Drehkreuz am Eingang an und lauschte gespannt auf das eintretende Knirschen und Knarren. Drehte sich das

Kreuz weniger als 3 Sekunden, war das ein gutes Vorzeichen – zumindest in Bens Aberglauben ...

Leise zählte er jetzt: »Eins, zwei ...« Das Geräusch endete. Eigentlich war es ein vielversprechendes Omen und doch guckte Ben drein wie ein Kugelfisch. Das Drehkreuz gab nicht das normale Knirschen von sich. Es war eher ein rostiges Röcheln, als bräche das alte Ding jede Sekunde zusammen. Was konnte das bloß bedeuten?

Nachdenklich zupfte Ben an einer seiner braunen Haarsträhnen herum. Dabei merkte er gar nicht, dass er einen Zuschauer hatte. Sein Kumpel Simon saß auf der Bank vorm Kabinenhäuschen und bog sich vor Lachen. »Deine Drehkreuznummer sieht saukomisch aus«, rief er ihm prustend zu. »Wenn man dich nicht kennen würde, könnte man dich glatt für 'nen Außerirdischen halten.«

Ben antwortete mit einer Alien-Grimasse. »Hallo, Erdling!«, grüßte er seinen Freund mit verstellter Stimme und schlug dann lachend mit Simon ein. »Wie geht's deinem Bein?«

Simon pochte gegen den Gipsverband, der sein linkes Bein ummantelte. »Mit etwas Glück kann der blöde Gips bald ab. Ich kann's kaum erwarten, mit dir wieder Doppelpässe zu spielen und Bälle unter die Latte zu hämmern.« Schelmisch grinsend reckte er nun seine Krücken in die Höhe. »Bei jedem Tor von dir mach ich meinen

Spezial-Jubel-Move.« Demonstrativ ließ er die Krücken feierlich gegeneinanderklackern und grölte »Beeeeen – ich bin dein *Faaaaan!*« hinterher.

Bens Gesicht hellte sich auf. »Na, immerhin habe ich *einen* Fan hier!« Inzwischen hatte er aus seinem Rucksack die Stollenschuhe hervorgekramt und nahm einen Schluck aus der Trinkflasche. Es war wirklich brütend heiß.

Ben merkte, wie Simon ihn ernst von der Seite anblickte. »Ich weiß, es ist gerade nicht einfach mit Benno und Co. Aber du findest deine ›Fans‹ schon noch ...« Was sein Kumpel dann sagte, traf Ben unvermittelt ins Herz: »... nur vielleicht nicht beim 1. SC Windegg.«

Mühsam rang sich Ben ein schiefes Grinsen ab.

»Puuh! Der beste Motivationscoach der Welt bist du nicht gerade – aber immerhin ehrlich.«

Simon schnalzte seinem Freund mit dem Mittelfinger gegen den Hinterkopf. »Ich mein doch nur: Du hast's drauf, Ben – und *wieee!* Beim Turnier in Ulmenhorst hat das wirklich die hinterste Kuh auf der Weide gecheckt. Ich meine, wer kann schon in vier Partien vier verschiedene Positionen spielen?«

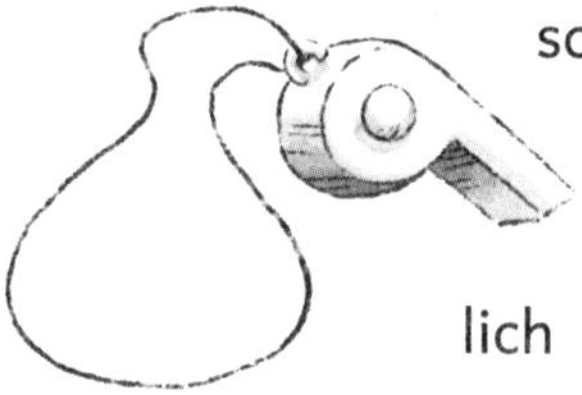

»Danke für die Blumen«, nickte Ben ihm zu und seufzte dann leise. »Aber eigentlich will ich ja nur Spielmacher sein, Mannschaftsführer, Nummer 10 ... du weißt schon.«

»Das ist genau deine Rolle!«, schwärmte Simon los. »Beim Finale gegen Irkenbach hast du bis zum Schluss alle nach vorn gepeitscht. Ohne dich wären wir knallhart untergegangen.«

»Nur zu dumm, dass bei dem Spiel ausgerechnet Herr Stackenberg nicht mehr da war – und Benno auch nicht«, merkte Ben an, während er in seine Stollenschuhe schlüpfte. »Und alles nur, weil sie auf diese dämliche Hochzeit mussten.«

»Sieh's mal so: Wären Stacki und sein Sohn beim Finale noch da gewesen, hättest du mal wieder auf der Ersatzbank geschmort oder Außenverteidiger spielen müssen.«

»Hast ja recht«, räumte Ben ein. »Wie dein Papa uns gecoacht hat, war übrigens allererste Sahne. Ich wünschte, er könnte immer einspringen.«

In dem Moment ertönte ein vertrautes Geräusch.

2

Ben und Benno

Sofort drehten die Freunde ihre Köpfe zum Parkplatz. Dröhnend schoss der SUV des Trainers über die Bergkuppe. Er glänzte in der Abendsonne wie ein riesiger Hirschkäfer. Mit durchdrehenden Reifen bremste Herr ›Stacki‹ Stackenberg ab. Dabei wirbelte haufenweise Staub auf. Als die Staubwolke sich verzogen hatte, schwang eine Hintertür auf. Prompt schnellte Benno heraus, dicht gefolgt von seiner Zwillingsschwester Ida.

Auf dem Kopf hatte Benno eine dunkle Sonnenbrille, die er wie einen Haarreif trug. Im Gehen schob er sie auf die Nase, blickte sich betont cool um und schubste sich die Gläser dann wieder ins gegelte Haar.

Ben konnte nur mit den Augen rollen. »Garantiert hat er

sich die Pose von irgendeinem ›Megastar‹ abgeguckt«, raunte er Simon zu.

Benno klopfte sich unterdessen etwas Staub von den neongelben Stollenschuhen. »Hör ich da *›Megastar‹?!*« Selbstgefällig blickte er zu Ben und sprang anschließend über das Drehkreuz. »Na, ›Nummer 2‹? Gehst du heute noch auf den Platz? Oder wartest du auf den Bus?«

»Sorry, mein Bruder hat mal wieder seinen Höhenflug!«, entschuldigte sich Ida, während sie sich die blonden Haare nach oben zu einem Zopf band.

Mit einem selbstverliebten Grinsen rappte Benno los: »Yes-yo, ich hab den Höhenflug, geb hundertundein Prozent, ich bin der, der so weit in die Höhe flog, dass jeder ihn jetzt kennt, und während du ins Leere starrst, bin ich der neue Megastar.«

Ida machte eine abwinkende Handbewegung zu Ben und Simon. »Mein Bruder ist ein Totalausfall. Einfach ignorieren wie ’ne lästige Mücke.« Ben fand, Ida hatte für ihre lässigen Sprüche einen Orden verdient.

»Hey Ida! Überleg dir mal, was du sagst«, polterte eine Stimme vom Parkplatz – sie gehörte ihrem Vater. Herr Stackenberg stolzierte mit einem Netz voller Bällen aufs Trainingsgelände. »Wie wär’s mal mit ein bisschen Unterstützung unter Geschwistern. Dein Bruder ist ein vielseitiges Talent.«

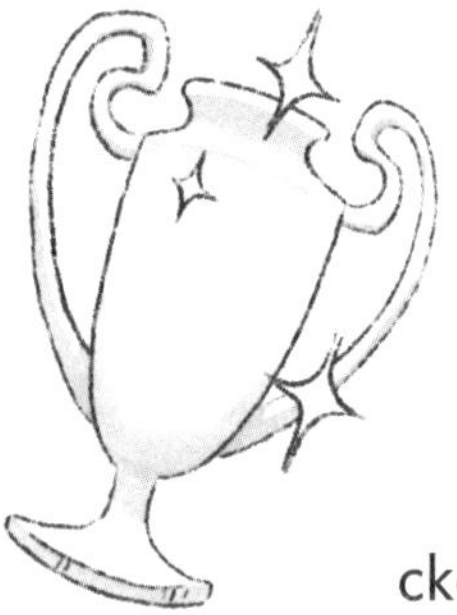

»Und *ich* etwa *nicht?!*«, empörte sich Ida. Gekränkt schleuderte sie ihre Sporttasche auf den Boden.

Statt einer Antwort blickte Herr Stackenberg zu Ben. »›Nummer 2‹, kommst du?«

Da war der verkorkste Spitzname wieder. Ben blies die Backen auf. Er hatte große Lust, auf der Stelle den Verein zu wechseln. Stattdessen stieß er zischend Luft aus den Lungen.

»Schon mal überlegt, dich umzubenennen?«, schlug Simon halb ernst vor. »Wie wär's denn mit 'nem richtig einmaligen Namen so wie Merlin, Jupiter oder – hey, noch besser – Mogli?«

Ben tippte sich an die Stirn. »*Mogli?* Ernsthaft? Ich soll wie deine Katze heißen? Soll ich vielleicht auch noch Mäuse fangen? Und alles wegen dem da.« Er deutete auf Benno, der gerade einen abenteuerlichen Sprung über die Bande machte und seine Mitspieler mit einem rotzigen »Hey, ihr Tröten! Sind eure Füße eingeschlafen, oder was?!« begrüßte.

Ben klopfte dreimal auf die Holzbank, sprang mit einem schiefen Grinsen auf und spurtete los. »Na, dann gesell ich mich mal zu den ›Tröten‹.«

»Lass dich nicht ärgern. Das ist *dein* Tag, Ben«, rief ihm Simon hinterher.

Doch erst einmal hatte Ben wenig Gelegenheit, sich zu beweisen. Herr Stackenberg spulte sein übliches Trainingsprogramm ab. 10 Minuten Aufwärmen mit Fangspiel, 10 Minuten Lauftraining, 10 Minuten Passspiel, 10 Minuten Dribblings, 20 Minuten Torschussübungen. Es grenzte an eine Sensation, dass er heute Eckbälle trainieren ließ.

Ben hatte zuletzt bei ein paar Eckbällen genau richtig gestanden, weshalb Ida ihn augenzwinkernd ›Kopfballungeheuer‹ getauft hatte. Und so stand Ben zuversichtlich am vorderen Pfosten ...

Ida nahm an der Eckfahne Anlauf, doch plötzlich stockte sie. Ein dumpfes Donnern war am Himmel zu hören. Alle Blicke wanderten nach oben. Die tintenblauen Wolken hatten sich mittlerweile zu einer bedrohlichen Wolkendecke zusammengeballt.

3

Training mit Wolkenbruch

»Hm ... sieht nach Wasserball aus«, kommentierte Ida mit einem ironischen Lächeln.

In der nächsten Sekunde fielen die ersten Regentropfen und färbten den ockerroten Platz dunkler.

Stacki, wie die Spieler ihren Trainer nannten, runzelte die Stirn. »Wisst ihr was ...? Wir fangen sofort mit dem Spiel an, bevor wir hier absaufen. Und vergesst nicht: Das ist eure Chance, euch fürs Spiel gegen Murrenheim zu empfehlen.«

Sein Sohn lächelte selbstsicher. »›Empfehlen‹? Pah! Nicht nötig!«

Prompt bekam er einen Ellbogenstoß von Ida.

Kurz darauf ernannte Stacki ›Nummer 1 und 2‹ zu den Mannschaftsführern. Auf Bens Seite stand Alex im Tor, Emre und Jakob würden verteidigen, und im Sturm spielten Kiano und Ida. Als Spielmacher war Ben ganz in seinem Element. Er liebte es, sich eine Taktik zu überlegen und gleichzeitig die des Gegners auszuhebeln. Es war genau sein Ding, Abwehr und Sturm zu koordinieren, Bälle zu verteilen, seine Stürmer in Szene zu setzen und, wenn nötig, den einen oder anderen Weitschuss abzufeuern.

Und dann hieß es: Anstoß! Ida schob Ben den Ball zu. Schon sah Ben Benno auf sich zurennen. Ben grinste triumphierend. Genau wie er es mit dem Apfel geübt hatte, ließ er Benno mit einem Übersteiger ins Leere laufen. Gerade wollte er dem frei stehenden Kiano den Ball zupassen, da wurde er aus heiterem Himmel vom grobschlächtigen Adrian umgesenst. Der bekam für das Foul sogar noch ein Sonderlob von Benno – und Stacki sprach von einem ›okayen Tackling‹.

»Ruhig bleiben«, ermahnte sich Ben. Kaum hatte er sich aufgerappelt, ertönte wieder das Donnergrummeln am Himmel. Von Blitzen war zum Glück nichts zu sehen – aber der Regen ließ sich nicht lange bitten. Es platschte plötzlich wie aus Rieseneimern auf den Hartplatz. Und genau wie Ben befürchtet hatte, verwässerten die Wassermassen das Spiel. Es wurde nur noch chaotisch hin und her gebolzt.

Es dauerte, bis sich wieder eine Gelegenheit für einen Angriff ergab. Als Adrian in einer Pfütze ausrutschte, rollte das Leder vor Bens Füße. Er spielte einen Doppelpass mit dem voranstürmenden Kiano. Da setzte Benno plötzlich zu einem riskanten Pressschlag an und verfehlte Bens Fuß dabei um Haaresbreite. Die Kugel bugsierte er in hohem Bogen über den Ballfangzaun und mitten ins Dickicht. Ben wollte so schnell wie möglich weiterspielen, also sprintete er zum Zaun, schlüpfte durch ein Loch und begab sich auf Dschungelexpedition.

Zwischen Sträuchern und hüfthohen Gräsern machte er Bekanntschaft mit allerlei Schnecken, Käfern und Wanzen, bis er endlich den Ball im Brennnesselgestrüpp entdeckte.

Auf dem Rückweg zum Platz beobachtete er, wie Benno mit Kiano, Jakob und Emre tuschelte. Als Benno ihn bemerkte, warf er ihm einen herausfordernden Blick zu. »Tut mir so leid, dass heute nicht dein Tag ist!«, meinte er scheinheilig.